科学经济学原理

看见“看不见的手”

汪涛 ◎著

人民东方出版传媒
東方出版社

图书在版编目（CIP）数据

科学经济学原理：看见“看不见的手”/ 汪涛 著 . —北京：
东方出版社，2019.3
ISBN 978-7-5207-0676-6

Ⅰ. ①科… Ⅱ. ①汪… Ⅲ. ①科学经济学—研究 Ⅳ. ① F062.3

中国版本图书馆 CIP 数据核字 (2018) 第 281301 号

科学经济学原理：看见“看不见的手”
（KEXUE JINGJIXUE YUANLI：KANJIAN “KANBUJIAN DE SHOU”）

作　　者： 汪　涛
责任编辑： 辛春来
责任审校： 曾庆生　凌　寒
出　　版： 东方出版社
发　　行： 人民东方出版传媒有限公司
地　　址： 北京市东城区东四十条 113 号
邮　　编： 100007
印　　刷： 三河市中晟雅豪印务有限公司
版　　次： 2019 年 3 月第 1 版
印　　次： 2019 年 3 月第 1 次印刷
开　　本： 889 毫米 ×1194 毫米　1/32
印　　张： 12.125
字　　数： 230 千字
书　　号： ISBN 978-7-5207-0676-6
定　　价： 88.00 元
发行电话：（010）85924663　85924644　85924641

如有印装质量问题，我社负责调换，请拨打电话：（010）85924602　85924603

目录 CONTENTS

序言　原来经济学真的可以成为科学

两大经济学传统与科学经济学

本书是以《实验、测量与科学》中提出的纯科学方法为基础，将该方法全面应用于经济学领域，从而使其完成科学化的过程。在《实验、测量与科学》之前出版的《通播网宣言》《生态社会人口论》和《超越战争论——战争与和平的数学原理》其实也是应用这种纯科学方法的案例。这些表面看似不相干，且跨度很大的不同学科领域的研究结果，到本书完成时可以明显看出其内在逻辑关系。我是先用通信、生态人口与战争和平等领域的研究实例展示纯科学方法的研究结果与传统研究方法的明显区别之处，然后在《实验、测量与科学》一书中系统介绍这种方法，之后再将此方法应用于经济学。通过这样的过程可以使读者最充分地体会到科学是什么，科学方法的强大之处是什么，以及如何将纯科学的方法全面地应用于社会科学领域。社会科学覆盖面很庞大，在过去却是科学化程度相对较低的领域。因此，我较多地将纯科学的方法应用于社会科学领域以解决存在的相应问题，显然不代表它仅适合于社会科学领域，纯科学方法是通用于一切科学领域的。

毋庸讳言，本书之所以称为“科学经济学”，表明了作者认为以往所有的经济学理论在科学性上都存在不同程度的缺陷。目前的经济学可以分为两个大的阵营，一是马克思的政治经济学，二是数理经济学，后者包括了微观经济学和宏观经济学，中国也将其称为“西方经济学”。经济学前面的修饰词“西方”最初只是为了区别于马克思的政治经济学，其实，马克思并不是东方人而同样是西方人，所以这个名称并不是很合适。马克思的社会主义政治经济学和所谓的“西方经济学”其实都是西方人建立的经济学理论。本书的研究充分继承了以往这两大经济学阵营的可取之处，同时使经济学这门学科真正符合如物理学一样的科学标准。

经济学科学化的关键

经济学的研究对象无非就是对产品的需求、交易、生产三个方面，科学经济学是要研究这三个对象和它们的相互关系。

从需求角度来看，问题是经济过程如何满足人类的需要？……

从交易过程来看，问题是买卖双方如何相互作用？在这个过程中如何确定价格？并使交易过程最有效率、成本更低、障碍更少？……

从生产来看，问题是如何使生产过程更有效率？……

经济学科学化的关键，就在于需要有效地建立起经济学的测量基础，对以上三个方面的研究对象进行科学的测量，在此基础上建立经济学的科学理论。这个工作有远超一般学科的难度，因为经济学的三个研究对象测量基础的建立都存在巨大的困难。

需求

需求的研究对象——欲望、满足等，是人类心理现象。过去经济学界普遍认为人的欲望是无法直接测量的。这种观点深刻地影响了经济学界，使其普遍采用各种回避直接研究人类心理对象本身的方法，主要是通过边际效用递减原理、预期理论等来替代对心理对象本身的直接研究。但事实并不像经济学界认为的那样，现代心理学的测量基础远比经济学完善得多，在实际市场活动中也出现了大量对需求进行定量测量的方法，诸如产品满意度评测，A/B 测试等。现代心理学作为一门科学，不仅在心理学界内部获得相当广泛的认可，很多研究成果在整个科学界和工程技术界也获得普遍认可，尤其对视觉、听觉等感觉心理学和生理学的测量研究结果，其数据非常严格，工程应用也非常广泛。虽然心理学本身也存在很多困难和问题，这些问题甚至受到科学哲学家的批评，如有人认为心理学从来就不是一个统一的学科，用科学哲学家库恩的话来说，心理学缺乏一个稳定的“范式”，从来没有像其他规范科学那样拥有一个学科共同体都能接受的理论基础。波普尔也认为心理学不算是一门真正的科学，因为它的理论表述大多不可证伪。但是，“人的心理过程和人的欲望不可精确测量”的观点，从心理学科角度来说，是不会被该领域的学者们认同的，只不过心理学界从来没有明确向经济学界表达过这种不认同而已。因为认可了这一点，就相当于认为心理学不可能成为科学。

不过，因心理研究对象本身的困难，心理学界研究方法和理论体系众多，也的确影响了经济学界吸收心理学相应的知识作为经济领域的欲望和需求研究的基础。在《实验、测量与科学》一书中，我已经通过系统总结心理科学研究成果重建了心理学的科学基础，归纳出人类心理的七大情感系统，本书将把它们用于对欲望和需求的研究。由此不仅使得与需求有关的问题得到系统的解决，而且反过来也可使人们对心理学获得一个更为系统和完整的理解。

需要说明的一点是，本书的研究与 2002 年诺贝尔经济学奖获得者之一丹尼尔·卡尼曼等人从心理学角度创立的经济预期理论以及由此产生的新学科——“经济心理学”既有相关联的地方，也非常地不同。经济心理学只是被看作一个边缘学科，而本书所建立的科学经济学，是将整个被重建后的科学心理学都看作是科学经济学的欲望和需求研究的基础学科。反过来，心理学界也将从中获益，经济学对欲望和需求的研究，也会使心理学更加完备并获得更完整准确的理解。

这样说并不意味着需要经济学家们都一定得先成为心理学家，而是只要在学科体系上理解整个心理学是经济学发展，尤其是对需求对象进行研究必须依赖的基础学科就可以了。经济学本质上就是一个必须大量依赖其他学科知识才能获得发展的开放性学科。经济学并不是唯一有这种特性的，大量社会领域的学科都是如此。例如，历史学科几乎要依赖于其他所有学科才能获得有效的发展。历史学家们所依赖的诸如碳 -14 测量法、铀铅测量法、热释光测年法、DNA 测量（基因测序）等，完全不属于历史学本身的学科范畴，也没有说一定要求每一个历史学家首先学会开发碳 -14 测量仪器。绝大多数历史学家对这类测量仪器的内在技术知识基本上都不懂，但这并不影响他们去利用这些技术对历史学的研究对象进行测量，并充分地利用相应的测量结果，和会开汽车的人并不需要知道如何生产制造汽车是一样的道理。经济学家们如果能精通心理学当然是好事，但如果他们对此不懂甚至一窍不通也无妨，他们只要知道如果需要对某个心理对象进行测量的话，请相应的心理学专家来帮忙完成这个工作就是了。只要别仅仅因为自己心理学专业能力不足，又不去学习研究它们，从而仅仅因为自己搞不懂，就说心理对象是不可测量的，并去做外行的判断和下外行的结论就可以了。必须清楚理解一点：如果经济学家做出“欲望和需求不可精确测量”的判断，等同于否定整个心理学这门学科。至少，没有认真研究过心理学的经济学家是没有任何专业资格做出这种判断的。

交易

对市场上买卖双方的交易过程，经济学界普遍只能引用第二手，甚至第三手、第四手资料，并且一般只是统计性的资料（如一个国家的 GDP，平均工资，某个行业的总销售规模，一个行业的平均成本，平均价格等等）。事实上，第一手原始资料是大量存在的，只不过它们一般属于企业的核心商业机密，不要说一般经济学家难以接触到，就是企业内部一般员工也很难接触到。幸运的是，由于特殊职业经历，使我具备了大量获取这些原始经济学交易过程测量数据的便利条件。我曾在相当长时间内，从事开发或维护记录企业交易过程的计算机网络软件系统工作。如百货商场以及书店 POS 系统、生产类企业 MRP 及 ERP 系统、卡拉 OK 点歌系统、酒店 POS 系统等；销售和负责维护过企业财务系统、电信运营商及广播电视运营商计费系统和电信网间结算系统；作为市场总经理长期负责管理市场报价系统等。这些系统中的资料，正是各类市场交易活动最原始的测量数据。但是，这些测量数据作为企业的核心商业机密，一般只有如CFO、CEO和董事长这样级别的人员才能全面系统地接触到。但我作为曾经具有最高级别系统管理员权限的人员，对这些原始数据甚至比那些CFO、CEO级别的管理者了解得更加全面，并且从介入这些技术领域的一开始，就有意识地对它们进行长期的考察和分析。作为销售体系的高级管理人员，我不仅对市场报价系统的原始数据可以有全过程的了解，甚至可熟知那些并没有最终成功交易的报价（如被竞争对手以更低价格或更有吸引力的其他商业条款拿走订单等）。这些真正的记录交易过程的第一手原始测量数据，一般经济学家们要么很难有机会接触到，能有幸接触到的也很可能只是经过调整后的数据，大多只是站在实际经济过程之外很远的地方来研究经济现象。

具备获得这些数据条件的人其实非常多，问题只是一个商人或企业的国际国内市场营销总经理，同时又具有强烈经济学学术兴趣的人极其罕见而已。甚至在很多人的观念中，这两种角色“不应该”甚至“不可能”集中在一个人身上。但是，要实现经济学的科学化，很多时候科学的经济学家必须同时将这两种角色集中在一个人身上。很显然，如果不去每天直接测量天体和研究天体的第一手资料，天文学怎么可能会成为科学？如果你根本就不在经济过程的核心环节之中，并长期持续地测量现实经济交易过程的整个环节，你研究的东西怎么可能与“现实的经济过程”有什么关系？更别试图奢谈“科学的经济学”。

生产

在马歇尔之前，古典经济学家都会对各类生产过程进行直接考察和分析。马克思和恩格斯可以说是之前对生产过程进行直接考察最全面的最后一批经济学家。他们在《资本论》中花了整整两章的内容，来对这些属于生产技术的问题进行详细讨论（详见《资本论》第一卷，第十二章“分工和手工业”及第十三章“机器和大工业”）。在马歇尔、瓦尔拉斯、匹古等数理经济学家之后，有多个方面的原因使得经济学家们远离了对生产过程本身的详细测量和分析。

人们常说：科技就是生产力，并且是第一生产力。因此，整个科学技术发展都在不断地转化为生产力，甚至科技从一开始就是生产力的一部分，整个人类科技的发展构成了生产力的全貌。要想对这个全貌进行研究，经济学家就得跟踪研究整个现代科技和生产工艺的发展。这在当今信息爆炸、科技爆炸的时代，人们普遍认为已经不可能做到了。要实现这一点，需要经济学家们具备“通晓”当代整个科技与生产知识的能力。经济学家们对此可以说全都是望而生畏，在把经济学专业归属到文科的社会科学范畴的情况下，做到这一点更是难如登天。学习和研究经济学的学生大多是没有工科背景的人员，这使他们难以具备理解生产过程的基础知识和能力。另一方面，当前的经济学专注于用数学方法来描述经济过程，一旦把生产过程仅仅转化成所谓供给的数量和纯粹以价格描述的产品成本概念，或抽象成生产函数，似乎问题又变得异常简单。一个如此之难，另一个如此之简单，经济学家们很难不受到诱惑只选择后者，完全忽略生产过程无限庞杂的技术特征研究，而仅仅用一个量化的供给数量和成本概念去替代。甚至很多经济学家把这样的问题简化方式看作成功的法宝。

直接地、全面系统地研究生产过程这一工作的确极为艰难，甚至远比前两个问题要难得多，但这并不表明不可行。我在《实验、测量与科学》一书中系统介绍了有效具备这种通晓能力（全科型知识结构）的必要性、可行性和具体方法途径，同时希望读者清晰地意识到：如果不具备这种通晓能力，经济学就无法有效测量生产过程。与研究需求类似，我们说具有这种通晓能力并不意味着经济学家一定要首先成为每一个有可能影响到生产过程的技术领域的专家，而是只要知道经济学对生产过程的研究必须依赖的技术知识有哪些，知道到时候该去找谁就可以了。如果经济学家能更多地直接了解生产过程的技术知识当然最好，如果不懂同样也无妨。但不要因为自己搞不懂，就说经济学的发展必须完全绕开对这些技术知识的依赖，更不要纯粹因为自己的无知而去盲目地给出结论。

从马克思那里重新开始

遗憾的是，因为苏联等国家社会主义经济实验的不完全成功以及意识形态上的差异，导致马克思的经济学研究几乎在所有地方都不再受到重视。这种现象甚至是在依然认为自己是社会主义的中国也是如此。在作者本人上中学和大学时，马克思经济学还是一门必修课，而现在中国的中学和大学中，这门课程已经普遍被取消了。所以，虽然作者是工科专业的，但很幸运在中学和大学期间对马克思经济学体系有系统的学习和了解，并在后来继续了这一学习。不过，由于研究生产过程本身存在的巨大技术难度，即使是在社会主义国家里，马克思经济学理论最忠实的信徒们，也未能在当今科技和生产条件下很好地继承他们的研究传统，更别说在这个基础上发展出更好的研究方法了。因此，经济学的科学化工作，可以说是一个需要重新发现马克思，重新回归马克思，并从马克思那里重新开始的过程。

数理经济学的遗产和问题

因为数理经济学不具备完善的测量基础，因此它所得以建立的公理基础、基本假设等，虽然经过数学工具的过度包装，看似精美，实则大多似是而非、离题甚远。如，只要我们系统地从心理学的角度来看问题，就可以很容易明白所谓“边际效用递减”仅在单一反射周期的下降沿等部分场合才成立，而在反射周期的上升沿，尤其是跨越不同反射周期时就不再成立，甚至完全相反。同时，如果知道感觉心理学测量结果——感觉强度与刺激物的物理量之间的对数定律（在感觉心理学里称为“韦伯－费希纳定律”），就会明白，边际感觉递减的量值可以获得精确的数学结果，这也是我坚决反对“心理学对象不可准确测量”的重要依据之一。另外，本书将指出，数理经济学中的“效用”这一概念本身就是非常错误的，它是将产品本身客观的技术“效能”和属于心理过程的“满足”两个概念完全混淆在一起而产生的混乱。

在当今的企业里，人们会积极学习管理学、营销学、价值工程等知识，但对微观经济学和宏观经济学，很少有人愿意去学习和研究。其原因并不是因为它们学术性太强，而是因为它们的内容离真实的经济过程实在是太远了，远到经济现实中的人们根本就不知道它们在讲什么。如果不能对经济过程中最基本的需求、交易、生产过程进行直接的系统测量，很难想象经济学家们都在描述些什么东西？难道仅仅是把一些数学知识包装上经济学概念就是经济学了吗？

在经济学领域有两个看似很矛盾的说法，一是其他领域的一些学者认为经济学的数学知识实在是“太简单”了，另外一些学者则认为“太难了”。说它“太难了”的学者，是已经多少看明白经济学的数学推演太多脱离经济现实，而纯数学的价值又非常有限之故。所谓“难”并不是数学知识本身有多难，而只是难以理解它讲的是什么。因此，当前数理经济学虽然高度数学化，并且不断地试图与经济现实建立联系，但它们很大程度上只是一些具有强烈形而上学色彩的东西。

说得更刻薄一点，数理经济学家就是数学水平上达不到一流，单纯研究数学搞不出什么新名堂，所以就把真正的数学家研究出来的东西包装上经济学的概念，数学家们搞不懂他们在说什么，真正从事经济的人更搞不懂他们在说什么。别说是算子理论，你见过哪个企业家用偏微分方程赚钱的？财务除了加减乘除的数学知识以外，难道还需要泛函分析、线性代数才能解决问题吗？虽然这不意味着作者完全否定这些数学知识在经济学上的应用。仅仅是把数学知识包装上经济学概念，数理经济学家们就可以自成体系。一般均衡是否有解，最终还是数学家解决了不动点定理才算有点突破。有哪个所谓数理经济学的问题是经济学家自己而不是数学家搞出新东西的？如果一个经济学问题一定得需要加减乘除以外的数学知识去解决问题，你就得仔细考虑一下它与真正的经济是否有任何实际关系了。

数理经济学就是用真正的数学家们根本看不上的数学知识去装神弄鬼，还可因此而拿诺贝尔经济学奖的形而上学体系。它装神弄鬼上百年时间居然难以被全世界的人识破，问题就在于精通数学的人基本上都不懂做生意，而精通做生意的人除了用加减乘除算账很清楚以外，基本上把初等代数、平面几何和三角函数都忘光了，更别提微积分、泛函分析、随机过程。但是，当这种装神弄鬼的形而上学体系遇到既精通数学又精通市场和经济，并且还精通测量和实验的人时，就会彻底露馅了。

本书当然并不认为穷尽了经济对象的一切科学规律，甚至不认为其描述 100% 都是绝对正确的，但作者并不讳言它要达到如下这样的目标：

一切从事企业和商业活动的人看过之后会满意地发现，是的，本书所说的一切的确都是经济过程的事实。它可能会缺少什么，但不会多出任何人为制造出来的东西。一切不是从事企业和经济工作的人、包括那些数理经济学家们看过之后会恍然大悟，原来这才是真正的经济学应有的面貌，经济学真的可以成为与物理学相等价的科学。

供给

数理经济学的显著缺陷之一，是对供给者意愿的描述或假设。微观经济学的供给定律把供给者的意愿仅仅描述为产品价格与供给数量的关系，并且从因果关系上假设是价格决定供给者数量，价格越高供给数量就越多，从而供给曲线斜率为正，这与绝大多数经济现实有明显不符之处。供给者意愿当然要关注价格，但他们真正的意愿是利润 B，而不是价格 P。并且从因果关系上说，绝大多数情况下是销售数量决定供给价格，而不是相反。用数学公式表示应当为利润 = 数量 ×（价格 - 成本），即 $B=Q(P-C)$。如果更严格地表述，还需要加上一个限定“在相同时间内”。从该方程中可以清楚看出，如果数量可以更大，或成本可以更低，在利润总额相同的前提下，供给者是愿意在数量更大情况下接受更低价格的。因此，大多数情况下，产品供给数量与价格成反比，而不是供给定律所描述的成正比关系。这不仅很正常，而且是最常见的情况。如营销学中常说的“薄利多销”“梯度报价”等，都是数量与价格成反比。当然，以上公式也并不否认当供给者追求更大利润、受成本上升压力，或资源稀缺从而卖方议价能力更强时，有可能会存在价格与数量成正比关系的情况，但这种情况肯定不能被表述成具有最普遍意义的“供给定律”。

正因为数理经济学完全搞错了供给者意愿，因此它们也就完全搞不清楚为什么经济过程可以赚钱，也无法告诉人们如何赚钱。这样的经济学，怎么可能让人相信他们讲的是与现实经济过程有什么相关性的学问呢？经济学家们常常辩解说，虽然经济学不能告诉人们如何才能赚钱，但它告诉了人们经济过程的客观事实是什么样的。然而，如果连“如何赚钱”这一生产过程最核心的问题都讲不清楚，他们所告诉人们的经济过程，又怎么可能是客观事实呢？现实中的商人们和企业的员工们又怎么可能理解这样的经济学？

稀缺性假设

数学的推导只能保证前提与结论之间的逻辑一致性，但不能保证前提的正确性。如果前提是错误的，完美的数学推导只是保证结论与前提“完美一致地”错误。因为缺少测量基础，整个数理经济学的数学化和公理化的努力，最多只能被看作是一个有一定积极意义的尝试，但几乎所有的公理基础都必须要重建。并且，很多在数理经济学中认为是最核心的假设和概念，事实上是需要用奥卡姆剃刀①切除掉的多余之物，如稀缺性假设等。现实经济过程中的确存在稀缺问题，但把它当作经济学最基本的假设实在是太夸张了。如同数学中存在小数点，就把整个数学都建立在小数点基础上太夸张一样。尤其是作者和与作者有相同职业的营销人员群体，并不会反对追求稀缺资源，但会坚决反对把稀缺作为经济学核心假设的观念。事情再

① 奥卡姆剃刀。公元 14 世纪，英国萨里的奥卡姆（William of Ockham）对当时无休无止的关于“共相”“本质”之类的争吵感到厌倦，于是著书立说，宣传唯名论，只承认确实存在的东西，认为那些空洞无物的普遍性要领都是无用的累赘，应当被无情地“剃除”。他所主张的“思维经济原则”。概括起来就是“如无必要，勿增实体”。这在后来就被人们称为“奥卡姆剃刀”。这一原则提出后，终结了几百年间经院哲学和基督教神学大量毫无意义的争论，并使科学、哲学从神学中分离出来，对欧洲的文艺复兴和宗教改革有重要促进作用。

简单不过了，在今天的经济社会里，还有几个企业稀缺的是产能供给而不是订单需求？现在，的确还有不少稀缺的经济品存在，但营销学之所以兴起，就是因为有更大量的经济品已经普遍处于不稀缺的状态，供过于求成为现代经济社会最常见的情况。稀缺的有可能是供给，但更可能是需求，否则现阶段的中国为什么要搞“供给侧改革”？所谓“供给侧改革”说白了就是**稀缺的资源是需求，而不是供给**。并且随着全球更多国家地区的人力资源和自然资源被开发，这种状态只会越来越普遍。以稀缺性假设为基础的微观经济学发源于全球生产能力普遍稀缺的 19 世纪末和 20 世纪初，而世界经济早已经在第二次世界大战之后就逐步从产品稀缺转换为生产供给能力普遍过剩，尤其中国经济潜力被全面开发之后，全球性的生产供给过剩更是已经达到极致，但全球经济学界却还是深陷在稀缺性假设的旧梦里。这种经济学完全解释不了以供给长期过剩，稀缺性假设完全不成立为特征的中国经济发展过程也就是很自然的了。

经济发展的最大目的，绝不是简单地解决如何分配已有稀缺资源问题，而是要把过去稀缺的资源变得不稀缺。面对当前中国经济长期困扰于产能过剩，全球经济学家们竟然可以长期安享于稀缺性假设的温室里，未免太令人感到惊奇。之所以如此，是因为数理经济学本身就把自己定义为“研究社会如何利用稀缺的资源生产有价值的商品，并将它们在不同人中间进行分配”的学问。萨缪尔森在其《经济学》一书中甚至说道：“经济学的精髓之一在于承认稀缺性是一种客观存在……这一点，可以说是经济学伟大而独特的贡献。”很遗憾，与经济学家们的认知完全相反，“稀缺性假设”正是数理经济学走不出困境的巨大、奇特和怪异的泥潭。

科学经济学脱离了稀缺性假设的泥潭，它不仅能有效解释稀缺状态下的经济现象，也可以解释需求稀缺状态下的经济现象。因此，科学经济学可以把数理经济学的大量研究成果经过一定修正后变成特殊的极限条件下的近似，并把它们统一在一个更为普适的经济学理论体系之中。

均衡

均衡是数理经济学非常基本的概念，但同样也是需要用奥卡姆剃刀切除的多余之物。现实经济过程中的确有均衡的状态存在，但是，一切优秀的企业家都会告诉你，只有当供需处于不均衡的时候才会有更多差价存在，因此才会有市场机会，才会有钱赚。当市场处于均衡状态时，赚钱就很困难了，尤其在技术换代比较快的IT产业，一个产品在市场上处于均衡状态，甚至意味着它已经进入技术生命周期的末尾阶段，处于即将被淘汰的状态。这样一种产品即将在市场上走向死亡的状态，难道就是经济学要追求的理想境界吗？只有持续追求市场上的不均衡，企业才会获利，科技才能进步，经济才能活跃，社会才能发展。因此，以追求均衡为基本目标的数理经济学不仅是错误，而且是与社会和科技进步的方向完全相反。发达国家经济普遍陷于停滞，并非是因为基数太大，而正是因为在这种极端错误经济学思想指导下达到的“均衡状态”。

问题并不在于是否存在均衡状态，而在于对待均衡的观念。数理经济学把均衡看作是理想的目标和建立经济学方程式的约束条件。但事实上完全不是这样，在实际的经济活动中均衡状态是存在的，却并不是理想的状态，甚至可能是最糟糕的、需要经营者们远离的“红海”。正如凯文·凯利在《失控》一书中所说的——“均衡就是死亡”。数理经济学，就是把经济死亡状态当成社会终极理想和帕累托最优的荒唐透顶的知识体系。

科学经济学的定义

本书不仅总结了过去所有经济学的研究成果，而且将各个学派的营销学、价值工程、财务、企业管理、库存管理、生产管理、项目管理、质量管理等学科的研究内容充分吸收。它也最充分和广泛地吸收了中国经济改革的实践经验，并将其最充分地科学化。本书建立的科学经济学体系之所以能够最有效地指导一切经济活动的实践，指导人们如何赚钱，根本原因就在于它全都是建立在对现实的经济活动测量和归纳基础之上的。

我不否认，也不讳言本书将完全改变整个经济学的面貌，并且本书可以全面解释人类有史以来所有经济发展过程，当然也完全包括中国经济实践的科学经济学体系。中国今天的变革和发展的现实，为经济学提供了最为丰富的实践经验和测量数据，它不仅无法用马克思的政治经济学解释，用任何数理经济学理论也无法有效解释。所以，请读者先把你过去所学的所有经济学知识暂且全部放下，把本书认真看完，就会理解真正科学的经济学应当是什么。它不仅可以告诉读者经济过程是什么样，**最重要的是它可以告诉人们钱是怎么赚来的**，并且这个问题就是科学经济学研究的核心。本书对科学经济学所做的定义非常简单：

科学经济学是研究赚钱全过程的一般规律、方法、社会影响与花钱的科学。

如果学者们觉得太直白，有点受不了的话，可以把“赚钱”改为“创造或获得财富”，后面再把“花钱”改为“分配及享用财富”。

科学经济学就是研究创造或获得财富全过程的一般规律、方法、社会影响、分配及享用财富的科学。

这两个定义我都想保留，上面一个是给商人们和普通人看的，下面一个是给理论家们看的。

一切与解决这个核心问题无关的学问，都与经济学毫无关系。一切不能回答清楚这个问题的所谓学问，却想把自己标榜为经济学，就如同不能告诉人们船是怎样造的学问，却想把自己标榜为船舶科学一样荒谬至极。汽车科学就是研究汽车的原理和怎么制造汽车的学问；计算机科学就是研究计算机运行原理，以及如何生产制造计算机硬件和软件的学问。经济学如果不研究怎么赚钱，那它研究的东西有什么价值？公认标志着经济学这门学科正式诞生的亚当·斯密的《国民财富的性质和原因的研究》，An Inquiry into the Nature and Causes of the Wealth，最早1776年3月出版，书名就是要解释国民财富是怎么来的（Causes）。但经济学家们研究了240多年，发了那么多诺贝尔经济学奖金以后，到今天却依然告诉人们经济学本身就不可能解决这个最关键的问题，这实在是荒谬！

牛顿力学不仅能解释月球为什么能绕地球旋转，更重要的是它能告诉人们如何能让地球上的石头也能围绕着地球旋转，否则怎么能称为科学？

我们之所以称本书创建的经济学为科学，还因为如下原因：

1. 一切科学经济学的基本概念都是可测量的。

2. 一切过去的经济学能够有效解释的现象，科学经济学都能更加有效地解释，并且是完全用单一的公理体系解释。不会再有两个经济学家坐在一起可以出现三个经济学理论的现象。

3. 未来成功的企业家和商人，至少绝大多数都是这个专业学科毕业的人，或选修过这个学科的人。

4. 没学过这个专业的企业家和商人将逐渐在竞争中被消灭和淘汰。

5. 一切过去的经济学不能够有效解释的现象，科学经济学也都能解释，并且还是用单一的公理体系解释。

6. 马克思的社会主义经济学，微观经济学，宏观经济学等真正有价值的成分都可以完全统一在科学经济学单一公理体系里。

7. 科学经济学可以完全有效地解释一切西方经济发展过程，一切新兴经济体发展过程，尤其可以极为有效地解释中国经济发展过程。

8. 科学经济学不会出现内在矛盾。如一方面认为市场至上，另一方面又出现“市场失灵”的自相矛盾概念。也不会出现类似需求定律与吉芬商品的内在矛盾。

9. 可以将一切与经济有关的学科全部统一在一起，包括但不限于市场营销、财务、价值工程、企业管理等。

10. 从科学经济学可以推导出一切有效的市场营销战略与战术。一切有效的市场营销战略战术都必须能够从科学经济学推导出来。

11. 一切推导而得的经济学结论最终都可以在逻辑上还原为牛顿力学。这一点可能人们一时难以直接理解，但这个是一切科学都必须满足的要求——以牛顿力学为核心的还原性标准。

无论在数理经济学的内部还是在外部，批评它的声音其实已经很多了。只是有多个方面的原因使这种批评难以得到有意义的结果。

数理经济学被一些人认为是一种意识形态，本身就不是、也不可能是科学。因此，对于其不科学的表现，不仅认为是很自然的，而且也是无解的。

数理经济学一方面标榜自己为社会科学之王，以显示自己在数学化上的精致成就。但另一方面，它还是称自己为“社会科学”。对于社会科学来说，往往能对个十之七八就不错了，不能要求像自然科学那样严格。如果这样，无论它错多少，无论人们清楚地指出了它有多少是错的，它还是可以心安理得、一如既往地错下去，甚至照样拿所谓的“诺贝尔经济学奖”。

最重要的原因，以往对数理经济学的批评都是很零散的，并没有能提供一个真正可替代的新经济学理论体系。如果不能有更好的体系，现在的体系就算有问题，就算批评的声音非常有力，人们也没法轻易地舍弃。如果从数理经济学存在问题的一面来看，其缺陷很严重。但如果从继承的一面看，也不能说它绝对一无是处。新的可替代的理论体系不仅要能更好地解决某一些问题，而且要能够将数理经济学曾经解决的问题也全都有效甚至更有效地解决。只有这样，才能称得上是一个真正的批评和超越。

为什么科学经济学可以解决赚钱的问题?

传统的经济学之所以不能解决如何赚钱的问题，原因在于其大量基本概念本身就是错误的。价格、价值、供给、效用……这些都是把经济规律给掩盖起来，而不是揭示出来的概念。

不仅价格只是表象，而且要重新理解“**产品的价值**”。经济过程中真正存在和起作用的是“**差价**”。

价格只是商业链条上所有环节差价的累积（要想显得学术水平更高点，也可称为“求和”“积分”）。

价值只不过是商人要实现自己的差价而给买家和社会的一个心理安慰和说词。所谓某个商品“值这个价”的真正本质含义是：你只有用这个价格买了我的产品，我想获得的差价才能实现。

交换不是符合“等价交换规律”，而是“差价交换规律”。

赚钱就是赚“差价”，而不可能赚等价。并且反过来，一切能赚的钱都来源于差价，而不会是别的。差价是一切经济活动的动力之源。水之所以流动是因为存在落差和势能，电之所以流动是因为存在电压差。一切商业交换和产品流动的动力都不是要去换得等价的东西，更不是要让瓦尔拉斯的一般均衡方程有解，而只是因为存在差价。成交价格不是供需曲线相交的均衡点，而是因为它对买卖双方都存在自己所需要的差价，也就是同一个价格对买卖双方的差价意义是相反的，卖方获得了增值的差价，而买方获得了便宜的差价。

赚钱与人文关怀

如此清晰地将经济学定义为以赚钱为核心，似乎会让人感觉缺少了人文关怀和降低了经济学的高雅格调。亚当·斯密在出版《国民财富的性质和原因的研究》之前17年，首先出版了一本《道德情操论》。在《国民财富的性质和原因的研究》一书中，亚当·斯密很纠结地在“私利”与“社会福利”之间建立了一个著名的论断——两者不仅是统一的，甚至为私利的过程比那些真想提升社会福利的动机提升得更多、更有效。“每个人都试图应用他的资本，来使其生产品得到最大的价值。一般来说，他并不企图增进公共福利，也不清楚增进的公共福利有多少，他所追求的仅仅是他个人的安乐，个人的利益，但当他这样做的时候，就会有一双看不见的手引导他去达到另一个目标，而这个目标绝不是他所追求的东西。由于追逐他个人的利益，他经常促进了社会利益，其效果比他真正想促进社会效益时所得到的效果为大。”与此同时，发挥这种私利动机作用的“市场经济”更是被奉为圭臬。这个作用也被经济学家赋予了一个神圣的概念——**“看不见的手”**。证明看不见的手可以实现社会福利的帕累托最优，就成为数理经济学家们的核心使命。

但是，作为任何一个科学的学科，首先必须明白自己最核心的职能是什么，而不是只要把道义、社会福利等这些动听的词语永远挂在嘴上就可以解决问题的。相反，这样会导致非常荒谬的结果。武器科学最核心的职能就是研究武器的击毁能力，说直白一点就是杀人的效率。如果硬要把人文关怀作为武器科学的核心职能和目标，这结果会荒谬到什么程度？！任何一门专业学科都不会解决一切问题，武器科学的核心职能定位，当然绝对不意味着人类可以完全依赖于这门学科知识去决定一切事情和行为，但也不能因为它必须受到其他学科专业的约束就去改变武器科学的核心职能。汽车科学的核心职能就是研究汽车的速度、燃油效率等技术原理和性能，汽车安全和环保要求当然也是其重要的必须解决的问题，但你首先必须得是一辆汽车，然后才有资格去谈汽车安全和环保的问题。如果你的所谓汽车连厂门都出不去，那是很安全很环保，但它连汽车都算不上，还谈得上什么汽车安全和环保呢？数理经济学连如何赚钱都搞不清楚，还能有资格去奢谈由此带来的社会福利问题吗？不要把经济学装扮成高高在上、经世济民的神灵，那样它可能什么问题也解决不了。能把赚钱的科学规律、怎么赚钱的方法、花钱的规律这样一些专业问题解决好就不错了。

现实社会的行业里有两个总是把社会福利挂在嘴边，一个是彩票，另一个是赌博。学术领域只有一个学科总是把社会福利挂在嘴边，这就是数理经济学。而大量有能力持续不断地在为社会创造福利的科学分支都没把社会福利总是挂在嘴上。

无论口头上表达的是什么，一旦其研究方法的技术内涵决定了其技术应用和作用范围，就必然决定其事实上的结果是什么。本来从理论上说，经济学应当是研究一切经济领域现象的，但数理经济学的研究方法本身，就注定了它在事实上只能萎缩到极少数经济领域。因为它既无法研究需求，也无法研究生产技术，因此，无论其如何为自己辩护，最终的事实结果就只能是不断地萎缩到只表现为纯数理的领域：金融。由此我们也就可以明白，为什么经济学专业的毕业生主要就业方向就是银行、投行、证券、股票、外汇等特定的经济部门。这就导致这些领域被经济学过度开发，而真正需要体现社会福利的广大实体经济部门却远在经济学作用范围之外。除了与金融相关的部门以外，其他领域的企业招聘要求里有几个会把学过经济学当成就业条件的？金融在本质上对整个经济领域当然是有积极的作用，但它们被数理经济学过度开发的结果，又何尝不是过度地挤占了全社会实体经济的有效资源？

数理经济学把自己定义为研究稀缺的资源如何分配。如果资源真是稀缺的，还需要经济学家们来研究如何分配吗？事实的真相或许是很残酷的，真正稀缺的资源，可能根本就不是经济学家们解决的问题，而是政治家、外交家甚至战略家和军事家们去解决的。如果稀缺的资源不能通过科技和企业的创新去把它们变成不稀缺的，怎么可能去谈论让整个社会真正享受到相应的社会福利？因此，科学的经济学不是研究稀缺的资源如何分配，而是研究如何把稀缺的资源变成不稀缺。市场与社会福利是两码事，它们统一不统一在于人们的主动努力和创造，而不在于经济学家们的数学证明。

真正的科学不是去歌颂一个看不见的神灵，而是用看得见的测量手段把所要研究的对象看清楚。经济学家们应当明白，任何歌颂一种看不见的神灵的行为，都属于一种宗教，而绝不可能是科学。如果他们认为这种歌颂是值得做的事情那也可以，但请把自己的学问名称改成“数理经世教”，而不要占用“经济学”这个专业的学科名称。因此，科学经济学不是提出了一个新的经济学观点或理论，而是**以科学的标准重新定义和重建了经济学这门学科**。

更重要的是，只要我们简单考察科学技术最普遍的基本规律就会发现，任何科学规律本身都不可能自动地符合人类社会的福利。对规律的利用都是一个“技术开发”的过程，以解决必然存在的各种技术问题，包括增强品质——如何充分稳定地使有利方面发挥作用，消除负作用——不利的方面如何克服和抑制。因此，科学经济学如果要有实际意义，其核心任务不仅不是去证明市场机制可以自动实现社会福利，甚至自动使这种福利最佳化，反而是发现和研究天然的市场规律中有什么缺陷，以及有害于社会福利的方面，从而不断创新市场管理体系去解决这些问题。这并不是什么“市场失灵”，而是一切科学规律都是这样。例如，核反应不可能自动有利于社会福利，而是要有大量技术研发工作去克服潜在的安全性问题和效率问题，才能实现核能的有效利用。市场机制可以用来增进社会福利，也可能产生极大的负作用，甚至可以开发成为一种强大的武器来攻击一个国家，导致其崩溃。鼓吹绝对的市场化，如同鼓吹只要是核反应就一定有利于社会福利一样荒谬至极。

极度反科学的“市场失灵”及“外部性”

数理经济学假设市场的无形之手可以自动实现资源的最佳配置，并把证明这个假设的工作看作数理经济学的核心命题。克鲁格曼（Paul R.Krugman）在其《经济学原理》导言中就写道：“微观经济学的核心命题是亚当·斯密提出的如下真知灼见的有效性：对个人利益的追求经常促进社会的整体利益。”

而同时，对于明显的市场作用存在的缺陷以及上述假设不成立的场合，又引入另外两个概念来说明：一是“市场失灵”，二是“外部性”。“市场失灵”是说市场某些时候不能有效配置资源。“外部性”是指市场机制会产生某些有损社会福利的负作用（曼昆在其《经济学原理》中区分了正外部性和负外部性，与社会福利相冲突的属于负外部性）。需要指出的是：“市场失灵”和“外部性”并不是反对微观经济学的学者提出，而是这

些学者群体内部提出，并且是数理经济学内部相当普遍认可的概念。

科学规律经常会在实验和测量中遇到反例，这并不奇怪。但在遇到反例时，如果它被证明不是实验方法本身的技术错误所导致，真正的科学会有两种处理方法：

一是采用被科学哲学家伊姆雷·拉卡托斯所称的“辅助性假设”方法，即继续保持原理论体系基本假设和公理，通过引入某个边界条件的假设，以在理论体系内部解决反例（拉卡托斯称为“消解”），也就是使表面看似反例的测量结果，事实上归因于只是原来边界条件假设不正确。这样，通过辅助性假设，可获得与原有理论逻辑上的完全一致。通过这种方法解决反例最著名的例子之一是海王星的发现。

因此，当遇到“市场之手作用原理”的反例时，如果采用辅助性假设方法，就应该引入某种未被发现或未被阐明的边界条件，在完全坚持“市场之手作用原理”的前提下予以解决。最终把该反例变成巩固现理论体系的更惊人的证据。

另一种方法是调整原理论体系的基本原理，由此带来全新公理体系的建立。如迈克逊—莫雷干涉实验和黑体辐射实验对牛顿力学构成的反例，通过改进基本公理体系的方法，导致相对论和量子力学的建立。

除以上两种方法之外，除非有科学界公认的全新科学方法的建立，否则不能接受再有其他任何处理反例的方法，尤其是

“**绝对不能接受**”公然地引入一个与原来的基本原理在逻辑上完全相反的概念去包容反例，因为这样将会违反“一致性要求”这个科学的最基本原则。如果不能用辅助性假设的方法处理数理经济学的根本反例，就必须要接受“市场机制可以自动实现社会福利最佳，可以达到帕累托最优”这一重大理论观点是完全错误的。

设想一下，如果一发现天王星的轨道运行异常，就马上引入一个“万有引力定律失灵”概念，这样不仅可以把天王星的轨道运行异常纳入其中，而且以后一切行星轨道运行异常都可照此处理，所有反例都可以从此一劳永逸地加以解决，然后物理学家和天文学家们就全都高高兴兴、心安理得地回家睡大觉去了，这样的学术习惯怎么可能使物理学变成科学?

数理经济学看起来是以高度严谨的数学化表述的客观规律，但处理反例时采用的方法完全是非科学，甚至是公然反科学的。它既不是维持原有基本原理，通过引入边界条件假设来解决反例，从而维护原理论成立，也不是修改原基本原理，通过建立新的基本原理来获得一个解释力更强、包容力更广的理论体系，而竟然是轻易地建立一个与原基本原理在逻辑上完全相反的概念和原理来收罗所有反例。

如果科学容许采用这种方法，那么一切理论假说就全都可以成为科学规律了。并且科学研究几乎不再需要深入地做任何工作。发现了正面证据就是支持了原有理论，发现反例就直接归入“基本原理失灵”的另一套理论。微观经济学从总体上说是不赞成计划经济的。但如果采用这种方法，一切论点就无法有明确结论了，例如：

可以用某个数学公式证明计划经济是最有效率的，只有计划经济才能实现帕累托最优。如果计划经济出现问题，则称其为“计划失灵”；如果计划经济带来很多别的问题，则称为计划的“外部性”。

都可以用数学公式证明，都有失灵的时候，都有外部性。如果容许这样做的话，计划经济理论与市场经济理论又有什么不同？

如果科学容许这样做，就相当于可以像如下这样来表述物理学的基本理论。

牛顿力学：

如果所受外力为0，则物体将保持静止或匀速直线运动；如果不是，则称为“牛顿第一定律失灵”。

相对论：

在真空中的光速是恒定不变的量。如果真空中的光速出现变化，则称为“光速不变原理失灵”。

我们并非要说以上表述本身是对还是错，而是要问以上“表述方式”本身是科学所能够容忍的吗？对此，全世界所有的科学家都会立即给出明确无疑的回答——绝对不能。一致性是科学最基本的根基，如果连这都可以轻易动摇，一切就全都无从谈起了。这是一个对科学来说最基本的、最绝对的前提性问题。

但在经济学界，为什么竟然能够容忍“市场失灵”和“外部性”等非科学，甚至反科学到如此程度的概念存在？必须清楚意识到这里面存在深刻的“市场悖论”和反例。是悖论和反例就必须要用科学的处理悖论和反例的方式去解决！

正因为经济学家们对于实际测量数据与理论之间的关系如此随意，并且采用如此反科学的方式容纳反例，因此他们就难以发现理论中的错误。更重要的是，这样无法把任何反例变成重大科学进展的机遇。

再以著名的科斯产权定理（叫“定理”本身就不对）为例，这个所谓的“定理”是说：只要财产权是明确的，并且交易成本为零或者很小，那么，无论在开始时将财产权赋予谁，市场均衡的最终结果都是有效率的，实现资源配置的帕累托最优。这等同于说，只要电路的电阻都为零，那么电路的损耗就可以为零，从而可实现最佳电路。电阻为零的超导体的确是存在的，但至今难以大规模商用化。现在的一切电路都存在电阻，并且电路理论和技术，就是在“电压 = 电阻 × 电流”的欧姆定律作用下进行的应用开发。同理，一切经济体系必然是存在交易成本的，市场建设最重要的工作就是降低有利社会的正常市场交易的成本，尤其是在另一方面还要增加非法交易的成本。因此，控制交易成本就是市场建设和经济发展最重要的工作。由此可见，建立在“交易成本为零或很小”假设前提上的科斯产权定律是多么的无意义、反现实和想当然。

本书历经漫长的思考和写作过程，感谢我的太太陈雯在这个过程中给予我的全力支持。没有她的爱和精神鼓励，以及对大量手写零乱资料录入电脑并进行整理，我很难完成这个艰难的工作。

衷心感谢辛春来先生对我将研究成果出版过程中给予的大力支持。没有他全身心的帮助，很难想象我能完成这些创新性如此之强的工作。

感谢张仲颖先生，郑元成先生为本书名称提出的宝贵建议。

科学经济学原理 KEXUE JINGJIXUE YUANLI

第一章

经济学测量基础

——小心鬼影数据

经济学是否能够被称为是一门科学的学科，这要看它是如何建立自己的学科基础的。

第一节　经济学追求科学的努力

一、作为社会科学的经济学

经济学是否能够被称为是一门科学的学科，这要看它是如何建立自己的学科基础的。从过去经济学发展的过程来看，有多个不同的脉络。

1. 数学方法的引入

现在主流的数理经济学以及数量经济学传统，是以采用数学化的，或量化的方法作为自己科学化的基础。法国数学家、经济学家和哲学家安东尼·奥古斯丁·古诺是数理统计学的奠基人，也是最早将数学运用于经济分析的经济学家。他提出需求量是价格的函数，这是后来“需求定律”最初的形态，他也被认为是边际学派的先驱。这体现了数理统计学与数理经济学的密切关系，它们从一开始就是相生相伴的。完善的数量经济学方法建立是以匹古、瓦尔拉斯、马歇尔等人的工作为标志，这形成了“微观经济学”的学科体系。

20世纪50年代中期，由波兰经济学家奥斯卡·兰格和苏联经济学家涅姆钦诺夫等发起现代经济数学的研究，使社会主义经济学传统的研究也进入数学方法的阶段。1979年，中国学者集会商定把早期社会主义经济学研究领域所称的“经济数学方法”改名为“数量经济学”。

数理经济学的学科将以上相关工作中用到的数学方法统一成了一门学科。数理经济学大致来说对应于一个学科中理论部分的规律。类似于牛顿力学中使用的基本数学方法就是微积分。数理经济学用到的数学方法主要有矩阵代数、微积分、微分方程、差分方程和凸集，结合到经济学里进行特定应用就表现为静态学（均衡分析）、比较静态学、最优化问题、动态学和数学规划[①]。

另一些数学方法体现在计量经济学中。

2. 亚当·斯密《国富论》——经济学诞生的标志

亚当·斯密在其著作《国民财富的性质和原因的研究》（即俗称的《国富论》）一书中，第一次比较完善地论述了经济学

① 参见：［美］蒋中一：《数理经济学的基本方法》，商务印书馆，2006年版，第2页。

的主要研究对象和基本规律，并且，他这本书是后来很多重要的经济学经典研究的主要思想来源之一。因此，当人们在谈论经济学这一学科时，往往都会追溯到亚当·斯密的这一著作，这就很自然地把它有意或无意地看作是经济学这一学科正式诞生的标志，至少是标志之一。

为什么会给予他这么高的地位？为什么他的《国民财富的性质和原因的研究》一书的地位如此之高？认真读过他的书之后的确会发现一些特别之处。他的书名提示了经济学要研究的根本问题，就是财富的性质以及它是如何产生的科学规律，而不仅仅是揭示其表面的数量关系。他发现了分工对生产效率提升至关重要的意义和价值。虽然他的书地位如此之高，但是我们在后续的经济学发展中很难再看到他开创的问题，以及研究传统的延续。现代的微观经济学中几乎已经看不到分工的影子，对财富是如何产生的科学规律更是索性被认为是一个无法解决的问题。

3. 马克思的社会主义经济学

马克思和恩格斯以《资本论》为核心的研究成果，被称为是“科学社会主义”经济学。当谈到社会主义时，人们马上联想到的是“计划经济”。但是，这只是其一个结论，如果我们追问其研究方法和科学基础是什么，就会发现其是基于抽象和观察、实践等方法。为了写《资本论》这本书，马克思和恩格斯直接考察了几百家工厂，甚至对生产过程的机械原理也进行了总结。

在《资本论》一书的开始，谈到其科学方法时提到，是采用的抽象方法，即将商品的属性分离出“价值”和“使用价值”，再将使用价值忽略掉，只研究商品的价值。而商品的价值则延续了政治经济学传统的劳动价值论，更进一步将劳动价值的测量依据确定为劳动时间长度。

“使用价值”对应于微观经济学的“效用”，“商品价值”对应于“价格”，“商品”对应于“产品”。当然，两个理论体系对这些概念的理解是有所区别的。

4. 计量经济学

我在《实验、测量与科学》一书中已经清楚地谈到，“计量经济学”这个学科名称本身就是严重错误的，后面还会详细谈到，不过相对来说这是最接近现代科学要求的方法。这门学科的确在一定程度上是试图解决一部分经济学的测量基础问题。因此，它的研究内容是可以在“普通测量学”以及“经济学测量学”这个大前提下被继承的。因为近代科学需要用实际研究对象的测量数据来验证理论，这是科学的最基本方法，并且也是判定其科学性的基本标准，而经济学在获得这个基础上存在客观上的巨大困难。在经济学领域建立实验方法的努力不是没有（实验经济学），但至今困难重重。因此，退一步来讲，通过统计学方法获得现实世界的经济数据，以此来检验理论就是一定程度上相对能够体现出科学性的方法。计量经济学被看作是数理经济学的科学基础，但这样的基础依然是相当不牢固的。

计量经济学主要使用了统计学的方法，其重点放在了如何处理获得的统计数据，并在此基础上建立相关分析或回归分析的数学模型。

5. 经济学界内部对经济学科学性的质疑

中国微观经济学的奠基者高鸿业认为，西方经济学的理论体系不能被认为是通过了实践检验的理论。在其所著《西方经济学》（宏观部分·第六版）第二十二章这样描述西方经济学的非科学性：

根据西方学者埃克纳的总结，这一理论体系是由四个部分所组成，即：

（1）无差异曲线；

（2）等产量曲线；

（3）向右上方倾斜的供给曲线；

（4）生产要素的边际产品曲线。

上述四个部分构成微观经济学的基本理论框架，而微观经济学又是宏观经济学的基础。换言之，如果这四个部分不能成立，那么，整个西方经济学的理论体系便成问题。然而，对这四个部分，埃克纳继续写道，“关于这四个理论结构，最令人惊奇的是：尽管它们处于如此重要的地位，还都没有为经济学家在实践上加以证实”。埃克纳的话并不仅仅代表他个人的意见，而是揭示了普遍存在的事实。西方经济学的权威人士萨缪尔森在为他获得诺贝尔经济学奖的《经济分析的基础》一书中也企图总结出包括上述四个部分在内的“有意义的理论”，即能被实践所检验的理论。然而，一位西方学者指出，“在他所总结出的命题中，没有一个因之而受到过实践的验证。对经济学命题的认可与否定仍和过去一样，不过是一个仅凭观感的问题。”即使个别的西方学者能注意到实践检验的问题，如另一位诺贝尔经济学奖得主斯蒂格勒对上升的边际成本曲线的论证，其论证的手段非常草率，不符合科学论证的要求。正是由于缺乏实践的基础，许多西方经济学的论点不是由实践，而是由学者的“权威”所论证。所有这一切都是西方学者承认的。[①]

① 高鸿业主编：《西方经济学》（宏观部分第六版），中国人民大学出版社，2015年版，第687—688页。

二、范式能否成为经济学的科学基础

由于缺乏实践的检验，西方学者普遍地把经济学的理论体系称为“共同认可的理论结构（paradigm）”或“模式”。根据提出这一名词的科学哲学家库恩的说法和其他人对该名词的解释，它的含义是：“被一个学科的成员共同认可的信念、价值、技术等等所组成的全部整体内容。”应该指出，这里所指的“全部整体内容”仅仅需要学科成员们的“共同认可”，而并不要求“实践检验”，事实上，这一“整体内容”所包括的“信念”“价值”等范畴是不可能为实践所验证的。很显然，西方学者普遍承认的作为一种“共同认可的理论结构”的西方经济学既不符合马克思主义，也不符合西方实证主义的对科学这一范畴必须通过实践验证的规定。因此，它不符合科学的要求。[①]

paradigm 一词很多文献也翻译为“范式”。这一概念得到很多社会学科领域的学者欣赏，因为这可以在缺乏实验基础的情况下为他们的研究领域找到科学性的安慰。但遗憾的是，“范式”这一概念所强调的被一个学科共同体“共同认可”的特性，却恰恰又是经济学的一大软肋。无论是斯蒂格里茨还是曼昆，都要在其经典的经济学著作中一开始就讨论经济学家们观点的

① 高鸿业主编：《西方经济学》（宏观部分第六版），中国人民大学出版社，2015 年版，第 688 页。

不一致，并要为经济学家们可以有一致的共同基础而辛苦地辩护。从他们书中的标题就可清楚地看到这些讨论，如曼昆的《经济学原理》中“2.3 经济学家意见分歧的原因”；斯蒂格里茨《经济学》中“为什么经济学家意见不一致”“实证经济学中的意见分歧”“规范经济学中的意见分歧”。美国兰德研究所所长查尔斯·沃尔夫还专门写了一篇文章讨论这个问题“经济学家们的看法为什么不一致”①，他总结原因为四点：

第一，经济学家们使用的是不同的基准点（对此还往往不加以清楚地说明）。

第二，经济学家对自己的结论所适用的日期常常做不同的假设。

第三，经济学家们往往不愿意完全承认他们的无知。

最后，经济学家们有着各不相同的价值标准。

人们甚至用很多讽刺性的语言来展现经济学家们的这种意见不一致，如：

“如果把所有经济学家首尾相接地排成一队，也得不出一个结论”—— 肖伯纳。

“100 个问题就会有 3000 个答案”——罗纳德·里根②。

两个经济学家坐在一起，可以产生三个经济学理论。

---

① 美国《新闻周刊》，1981 年 11 月 2 日。

② ［美］曼昆（N.Gregory Mankiw）著，梁小民译，《经济学原理》（第 3 版），机械工业出版社，2003 年版，第 25 页。

为了表明经济学家们可以达成一致，斯蒂格里茨讨论了经济学家们达成一致的多个方面，它们是其《经济学》[①]一书中讨论问题的绝大部分，包括稀缺性、激励、贸易、价格、金融市场、政府的作用、竞争性市场的效率、不完全竞争、创新、不完全信息、充分就业时政府支出的影响、货币中性、增长、失业、当经济低于生产能力时刺激经济、过度刺激经济的影响、存在过剩生产能力时对供给方的影响、用货币政策刺激经济、严重衰退时期的货币政策、通货膨胀与失业之间的取舍。除了正常的书目章节编排外，斯蒂格里茨居然把这20个他所认为的经济学家们的共识编成另一条线索贯穿到全书中。

其实，学者们对相同的研究对象有不同的看法并不能说是经济学领域的特殊现象，而是一切学科领域都可能存在的情况，爱因斯坦的相对论和光量子假说，菲涅尔等人的光的波动学说，罗巴切夫斯基的非欧几何学等在一开始都受到过同行的质疑，甚至长时间的质疑，这本是科学发展中很正常的现象。

另一方面，被一个领域的学者们一致认可的观点也未必就一定是正确的。热质说就长期被物理学界一致认可，但后来又被物理学界一致地放弃了。库恩的范式概念很想表达的是某种科学共同体一致公认的方法，而不是某种一致认可的观点和看法。但他只是提出了科学界共同遵守方法的存在，却并未能深入研究这种

① 斯蒂格里茨著：《经济学》（第二版上、下册），中国人民大学出版社，2001年版。

方法是什么。通过这种共同的方法，科学可以通过一致认可的途径去发现、检验科学的知识。其实这一套方法就是我在《实验、测量与科学》一书中所讨论的数学和测量等纯科学体系。

三、对科学重新定义能否被接受

约瑟夫·A. 熊彼特在其《经济分析史》一书中，为了给经济学能够被称为科学寻找一个基础，在第一章第 3 节“经济学是一门科学吗”中对科学进行了这样的定义：

为了我们的目的，应该提出一个很广泛的定义，那就是：一门科学就是任何一种知识，它是人们有意努力加以完善的对象。这种努力产生了思维的习惯——方法或“技巧”——以及掌握由这种技巧发掘出来的事实，而这些事实都超越了日常生活中思维习惯与实际知识的范围。因此我们也可以采用一个实际上与此等同的定义：一门科学是任何一种知识，它发展了寻找事实和解释或者推理（分析）的专门技巧。最后，如果我们想强调一下社会学的一面，我们还可以制定另一个定义，事实上和前面两个也是等同的：一门科学是一个知识领域，其中有人，即所谓研究工作者，或科学家，或学者，他们致力于完善现已积累的事实与方法，同时在这样做的过程中，他们所掌握的事实与方法使他们与一般“外行”有所区别，因而也和单纯的“实际工作者”有所区别。其余还有些定义也许同样不错，这里我补充两个，就不多加解释了：（1）科学是经过提炼的常识；（2）科学是经过工具加工的知识。

这类解决问题的方式有一定道理，但需要我们特别小心对待。人类科学认识的能力在任何阶段都是受限的，我们又不能因为科学能力的受限就对某些问题完全不研究、视而不见。因此，如果以严格的科学方法不能解决某个领域的问题，在一定的阶段就难以避免降低认识的标准，以便接纳多少算是一种研究的行为去做点什么，否则就什么也做不了。但这样做的同时就很可能为一些非科学的方法打开方便之门。这不是从科学本身的规律去判断某种行为是否为科学，而是首先想要把某种行为纳入到科学的范畴内或打上科学的标签，就按这种行为本身的自然模式去修改对科学的定义。

对科学的定义当然也是可以讨论的，但是，这个定义显然不能随意去进行，否则谁都可以自己定义一套标准，把一切自己想要的东西全都纳入到科学的范畴里来了。对科学的定义必须适用于一切科学，同时又确保把不是科学的东西排除在外。这个定义必须至少要用当前科学的全体领域来进行检验，而不是针对特定的问题，或特定的领域去进行。不能专门为经济学去对科学进行重新定义。

四、用一致的科学标准建立经济学的科学基础

一切科学的基础方法都是数学和测量。只不过，在经济学中其测量基础会有一些特殊性，而这些特殊性也是一切科学领域都可能存在的。一切科学的测量数据并不能直接拿来就用，而是要首先进行误差处理，测量理论很大程度上就是误差理论。经济学的测量如果有什么不同，主要是误差处理的内容有所不同而已。经济学领域的测量过程可能会受到几个主体误差较严重的干扰，主要是政治和利益误差。并且，在经济学中一些主体误差是很难从根本上消除的。

买卖是经济活动中最基本的，也是最普遍的过程。买方和卖方既有满足和被满足等利益相一致的地方，也有讨价还价等利益不一致的地方。

卖房子的就总想证明房价不高，还应该上涨；买房子的就总想证明房价太高，应该下跌。

买了股票的总希望这只股票上涨，卖了某只股票的总希望这只股票下跌。

做石油的总想证明石油最有前途。

做农业的总想证明农业最应该受到国家的支持和照顾。

打工者总想证明应该上调工资，资方就很关心劳动力等成

本应该控制在合适水平。

……[①]

除了政治和利益的主体误差之外，经济学的测量基础还存在其他巨大的困难。对需求的研究需要测量心理过程；对生产的测量需要跨越整个科技领域的知识支持；对交易的测量有商业机密的制约。但是，存在这些特殊困难完全不表明理论上建立经济学的测量基础不可行。事实上，又有几个学科的测量基础建立是简单的事情呢？问题并不在于它的难度有多大，而是经济学家们是否清楚地意识到测量基础是一个学科是否有资格被称为科学的前提条件。

① 参见汪涛:《实验、测量与科学》第十四章“社会领域常见的五大主体误差”。

第二节　计量经济学与经济测量学

一、“计量”一词是怎么来的

一切实证的科学都始于测量，科学的经济学也不会例外。要实现这一点，必须以普通测量学为基础建立经济测量学。

《实验、测量与科学》一书相当于建立了普通测量学，它并不仅仅适用于经济学，而是可以适用于一切实证科学分支的测量基础，任何一个科学领域都可将其作为理解自己专业最重要的工具。在过去，计量经济学这门学科试图承担经济测量学，但因相关学者测量学知识的欠缺而未能实现。

计量经济学（econometrics）是挪威经济学家朗纳·弗里希于1926年仿照“生物计量学”（biometrics）一词提出的，他也因在这个学科上的贡献与荷兰经济学家简·丁伯根一起获得了1969年第一届诺贝尔经济学奖。但是，当年提出“生物计量学”这一名称时，“计量”一词是有较广泛的“测量”含义的。

但随着测量学的发展，“计量”一词已经具有了非常特定的含义，是特指测量学里的计量基准、量值传递等方面的内容，现在只有极少场合将“计量”用作一般意义上的测量（例如一些磅秤等可能还被称作计量）。而对这一变化，无论生物计量学还是计量经济学里的学者们都毫无知觉。需要注意一点：“生物计量学”也被称为“生物**测定学**”，出现后面的名称就表明，这一领域的有些学者感觉到了用“计量”一词有些不妥，只是他们说不清不妥在哪里。按我所建立的理论，它应当统一称为“生物**测量学**”。

因此，如果“计量经济学”的名称不改为“经济测量学”，经济学就不可能成为科学。并不是经济学这一门学科应当这样，而是一切科学的学科都应当这样。比如，实验物理学应当改为“物理测量学”。分析化学，仪器分析，化学计量学应当统一改为化学测量学。注意这里又出现一个名字带“计量”的，所以经济学不用感到自卑，错的不是它一个。总共有 8 个采用计量一词的学科名字都是错的。除以上三个学科外，还有科学计量学、管理计量学、放射性计量学、文献计量学、情报计量学等。除了数学以外，一切学科要想称自己是科学，都必须以“共轭标准”来建立自己的学科，比如 ×× 学，一定要同时有一个 ×× 测量学。在这一点上，经济学不会成为例外。

二、为何需要改名？

如果仅仅是一个名称错误的话，并不算太大的事情，人们可以用“约定俗成”来辩护，并继续保留这样的名称，科学发展史上这类事情也并不鲜见。例如，在物理学里因为最初知识的缺乏把电流方向以及电极的正负给搞反了，当后来发现这个错误为时已晚。但对电学的所有定律来说，把正负弄反了，所有相关的物理学公式依然成立并适用，并不会产生本质上的问题，因此也就认了，并没有去改正。

另一个本身就是计量学中关于量纲的案例，为简化数字的表达，人们约定了很多量纲，1以上是每千倍一个台阶，有千（k）、兆（M）、吉（G）、特（T）等，1以下有分（d）、厘（c）、毫（m）、微（μ）等。如果留心一下就会注意到，1以上基本都是大写，而1以下全是小写。唯独千（k）为1以上却是小写，有人就提出它也应该是大写。这个建议非常科学合理，可是提得太晚了，人们都已经形成习惯，本身也无关大局，因此也就算了。

计量经济学中的“计量”一词名字确定的时候应该说还不能算错，但因为“计量”一词本身在不断发生变化，并且在我之前并没有学者建立过“普通测量学”这一学科，因而到今天形成这一差错的局面绝大部分原因的确是来自于整个科学不同学科间缺乏统一所致。但无论什么原因，这一学科的学者们的确并未充分意识到它应当承担经济测量学的职能。只有明确建立经济测量学才能纠正这一问题，不仅如此，我认为整个科学的一切学科领域都需要以普通测量学为基础重建其学科，因此这也并不单是经济学一门学科的事情。

第三节 计量经济学名称错误导致的后果

一、以个人年收入测量为例

为了说明“计量经济学”这一名称继续存在所导致的问题，我们以个人年收入测量为例来做说明。

假设我们要测量某一个人 A 的年收入。采用一种专门的调查方法，由某一个受过专业训练的调查者 B 对 A 进行测量。为了准确获得 A 的年收入数据，假设 B 采用完全一样的方法对 A 进行了 10 次测量，获得的数据如下：

表 1-1 A 的年收入测量数据

序号	A 年收入（元）
1	10 453
2	10 460
3	10 394
4	10 439
5	10 420
6	10 425
7	10 423

续表

序号	A 年收入（元）
8	10 422
9	10 431
10	10 428

测量者是同一个人 B，其测量方法一样，我们假设其技术水平不会在期间发生变化。从测量学角度来说，这样的测量就叫“等精度多余测量”。“等精度”是指其测量精度每次都是一样的，尽管数据不同。本来测一次就可以获得相应的数据，但为保证精度进行了多次测量，在测量学上就叫“多余”测量。但理解了测量学就会明白，它真的并不“多余”。

有了以上原始数据，后面就可以全变成统计学的事情了。我们可对以上 10 个数据进行统计分析，结果如下；

平均值：10 429.50

均方差：18.40

现在我们来解释一下以上数据的测量学含义。平均值从统计学上来说会趋向于 A 年收入的“**真值**”，测量学上也叫“数学期望”。真值这一概念是指客观上真的存在一个 A 的年收入值，经过以上等精度多余测量后，所得到的有效值是 10 429.50 元，均方差为 18.40 元。这个值可以被认为是对客观存在的 A 的年收入，一个在特定“**置信度**”和“**误差**”条件下的测量“**有效值**”。

二、等方差与异方差

前面讨论的等精度多余测量，以及相应的数据处理可标示为“等方差”。

我们现在再来假设除了上述B对A的年收入进行测量之外，又有一个未受过专业训练的C也对A的年收入进行10次测量。就C的10次测量本身来说，它也是等精度多余测量，但因为C未受过专业训练，其测量的偏差较大，我们假设测量的结果是这样：

平均值：10 432.48

均方差：34.20

如果把B和C的测量结果放在一起考虑，两者就会形成“不等精度测量”，在他们测量结果基础上进行后续的数据处理就需要标示为“异方差”。

三、不体现真值的统计处理

我们继续做另一个假设。如果还是由B采用相同方法进行年收入的测量，但不是针对一个人，而是针对10个不同的人A1、A2、A3……A10进行，每个人只进行了一次测量，获得的数据还是如表1–1所示，只是序号列变成不同的人。然后，我们可以采用完全相同的统计方法进行数据处理，也可得到与前面相同的平均值与均方差。

平均值：10 429.50

均方差：18.40

此时的平均值和均方差在测量学上是什么含义呢？该平均值不再对应任何一个人的数学期望或真值，而只是体现这10个人的“平均收入水平”。均方差的含义也不再是体现对任何一个客观真值测量的误差，而只是体现10个人年收入的“离散程度”或“不均等程度”。理解这个差异是非常重要的，而在过去计量经济学中则不是特别强调这个差异。表面看起来，有人可能会问，这10个人年收入的平均值毕竟还是可以反映出一些经济情况啊？但是，关键就在于两个方面：

一是提取样本的不同会对平均值产生非常大的影响。例如，在上面10个人后面又加进一个千万富翁，其年收入由B测量的数据是11 014 362.39元，那么对这11个人进行统计处理后的平均值数据变成了：1 010 787.04元。

这个平均值是前面的1 010 787.04/10 429.50=96.92倍！这样的数据显然会使前面10个人感觉莫名其妙，与自己年收入居然是近百倍的差距，实在是太离谱了！

二是其均方差数据是：3 317 810.60元。虽然将平均值和均方差数据放在一起，还是可以使我们对整体样本有一个相对接近的统计学理解，但事实上，绝大多数情况下人们无论是在写文章还是在理解文章中的平均值数据时，都是不会去看均方差的。这个均方差的数据已经比前面 10 个人的年收入数据平均值本身还要大 3 317 810.60/10 429.50=318.12 倍！对理解他们的年收入状况已经根本没有任何意义了。

第四节　真值数据与鬼影数据

一、真值变量与数据

通过前面的分析可以看出，我们需要区分不同的数据，它们在反映客观现实上是有巨大差异的。

我们把反映真值的测量数据称为“真值测量数据”，简称“真值数据”。对应的变量为真值变量。真值变量最重要的特性是可直接测量，至少在理论上它是可直接测量的。并且，一般情况下相应变量也是通过其测量方法，而不是某个数学计算公式来定义的。

一般来说，物理学等领域的变量都是真值变量，但也并不尽然，后面会详细谈到。

二、鬼影变量与数据

以真值数据为基础，经过一定数学公式计算后得到的，并不直接反映客观真值的数据，称为“鬼影数据”，对应的变量为“鬼影变量”。鬼影变量和数据之所以被称为是“鬼影”，是因为：

第一，它是真值数据通过一定的数学函数计算出来的，的确不是任何人为捏造的数据。

第二，在一定的条件下，它可以趋近于真值数据。如在均方差无限小的情况下，某些平均值的统计数据可无限接近真值。

第三，因为它本身并不是真值数据，因此在一般条件下会偏离、甚至远离任何真值。

因此，鬼影变量和其数据很奇怪，我们不能说它们没有任何客观依据，但它们又像鬼影一样与客观真值间的关系若即若离。判定是否为鬼影变量的核心标准就是：能否直接测量？如果必须依赖对不同客观对象测量的真值数据进行一定数学计算或处理才能获得，它就是一个鬼影变量和数据。

鬼影变量的案例有以下这些：

- 以不同客观对象真值数据为基础的统计平均值。
- 经济领域人工制造的各类指数，包括价格指数、综合国力指数、各种排名指数、资信评估结果指标数据……

由此可见，当前经济领域大部分的数据本质上都是鬼影数据。经济学家们不用因此感到太自卑，因为在物理学领域，量子力学的波函数也是鬼影数据，这可能很让人意外。因为按真值数据和鬼影数据的定义，波函数是不能直接测量到的，一旦被测量，按量子力学的理论是会坍缩成一个点，这就是说波函数在量子力学本身理论上就是不可能被直接测量到的。它只能通过在同一测量体系下，对大量同类粒子的测量统计才能获得。正因为量子力学的波函数是一个鬼影数据，有些人把它当成真值数据看待，所以才会出现大量离奇的解释。

三、鬼影变量的真值化

如果把鬼影变量本身就当作一个对象，并且赋予它一定的意义，在一定程度上就可以形成“鬼影变量的真值化”效应。例如，股票成份指数是一个鬼影变量，但如果以这个指数为基础建立成份指数期货，就形成鬼影变量的真值化。鬼影变量真值化体现了人类可以进行幻想以及进行精神创造的能力。

第五节 相关与因果

一、全真值变量形成因果关系

真值变量与鬼影变量的差异，会体现在相关关系与因果关系的差异上。

我们来看如下数学关系：

$V=IR$

V为电压，I为电流，R为电阻。这三个变量都是可以直接测量的，因此它们都是真值变量。在一个数学关系中的变量如果全部是真值变量，那么它们就是因果关系。

二、存在鬼影变量形成相关关系

我们再来看如下数学关系：

$S=f(E)$

式中 S 为收入平均水平，E 为教育水平。E 为真值变量，但 S 为鬼影变量。这样的数学关系只能是相关关系，不能成为因果关系，至少不能直接当作因果关系来理解。

三、鬼影定律与真值定律

1. 鬼影定律

只要数学关系中某个变量必定是鬼影变量，相应的数学关系就不能成为因果关系。我们把这个规律称为“鬼影变量定律”，简称“鬼影定律”。存在鬼影变量的所谓“规律”和“关系”是不可通过测量和实验检验的。

2. 真值定律

与此相对应，要想获得因果关系的规律，在数学关系式中所有变量必须都是真值变量。我们把这个规律称为“真值变量定律”，简称“真值定律”。

对真值定律的理解很简单，因为只有当一个规律中的所有变量都可直接测量时，才能用测量结果来验证相应的规律是否与测量结果一致。要对一个数学关系表达的规律进行检验，必须是因果关系。以因果关系表达的数学关系中，所有变量都可以独立地进行测量，因此测量结果代入数学关系中就可以对其进行检验。而存在鬼影变量的数学关系中，因为该变量是不可直接测量的，其本身就是一个自洽的数学关系，因此就不可能通过测量数据直接去进行检验。

例如，一个计算“综合国力”的鬼影数据，它依据的可能都是真值数据，但计算方法可能各不相同，如何判定各个不同的计算方法最后谁是谁非呢？没有办法。因为从实际中获得的各个真值数据经过各自的计算方法算出的结果就是它们自己定义的计算公式。并没有一个可以直接测量的“综合国力”真值数据或变量存在，因此也就无法检验哪一个更切合实际。

但是，这并不是说鬼影数据完全不会受到现实世界的任何影响。

例如，信用评级是根据一系列现有经济测量数据，去对未来被评估对象的信用级别进行测算的工具，它本质上是一个鬼影数据。信用本身是可以通过结果进行直接测量的。但是，如果等结果出来以后才知道的话，对于投资来说就晚了。因此需要通过事先可测量的真值经济数据或鬼影数据提前进行信用预测。

因为信用评级所具有的以上功能，因此它会被真值化，在经济实操过程变成投资行为的依据。一些投资行为甚至因法律或规定等硬性要求将信用评级作为投资决策的实际前提性条件。

2017 年 5 月 24 日，穆迪将中国主权信用评级从 Aa3 调降至 A1，将评级展望从“负面”上调至“稳定”；2017 年 9 月 21 日，标普全球评级将中国长期主权信用评级从“AA-”调至“A+”，长期评级展望为稳定。但是，就在此事发生不久的 2017 年 10 月 25 日，中国财政部在香港发行 20 亿美元主权债券，这是中国 13 年来首次发行美元主权债券。仅仅在上午开放圈购后的一小时内，认购订单金额已超过 100 亿美元，为发行金额的五倍以上，花旗、汇丰、渣打、德意志银行等多家外资行纷纷参与其中。到当天下午，认购资金再翻一倍，中国 20 亿美元主权债券认购订单金额已达 200 亿美元，为发行金额的十倍。中国此次重启主权外币债券发行并没有做第三方评级，因为在香港发债没有强制评级规定，不评级是正常行为。这一结果表明国际投资机构完全没把评级机构做出的评级鬼影数据放在心上。

四、对鬼影变量的人为操控

由于鬼影变量计算所依赖的数学关系式，尤其是其中的大量权重系数是可以人为设定的，这就使鬼影数据具有可人为操纵的空间。通过改变鬼影数据里的权重系数、数学关系、真值变量种类的选择范围等，都可以达到改变最终鬼影变量数据大小的效果。如果进一步将鬼影数据真值化，就可以实现对经济过程的人为操纵。

科学经济学并不能完全排除鬼影变量和数据，但会严格地将自己所有最基本的概念完全建立在真值变量和数据之上。

第二章

需求、产品与满足

以心理学研究为依据，本章建立了经济学不定义的概念——欲望。以此为基础，我们重新定义了需求、满足、产品、效能、成本等经济学基本概念。

第一节　需求的心理学测量基础

一、需求在经济学中的地位

需求，是经济学一切理论问题的基础和最原始的出发点，满足需求也是一切经济活动的最终归属和目的。需求原则上是属于心理学的研究对象，但在过去的经济学研究中，它都被尽可能地忽略和简化了。

在马克思的政治经济学中，是以商品为出发点。在《资本论》的序言中，马克思采用抽象的科学方法将商品的使用价值剥离掉，而只研究价值。

该书“第一章　商品　1. 商品的两个因素：使用价值和价值（价值实体，价值量）”就是详细讨论这个问题的。“把劳动产品的使用价值抽去，那么也就是把那些使劳动产品成为使用价值的物体的组成部分和形式抽去……随着劳动产品的有用性质的消失，体现在劳动产品中的各种劳动的有用性质也消失了，因而这些劳动的各种具体形式也消失了。各种劳动不再有什么差别，全都化为相同的人类劳动，抽象人类劳动……现在我们来考察劳动产品剩下来的东西。”[①]

整个《资本论》和马克思的经济学就是剥离掉使用价值，只讨论价值而形成的。商品的使用价值是满足需求的，抽象掉使用价值，也就剥离了商品的技术特性，从而剥离了对需求满足的心理特性。

在数理经济学中，需求被认为是无法测量的，因此采用边际效用分析和需求定律等将需求的心理学方面的细节高度简化。

例如，在马歇尔经典的《经济学原理》一书“第一篇 导言”和“第二章 经济学的实质 第一节”一开始，他是这么论述的，“经济学主要是研究对活动的动力和对活动的阻力，这种动力和阻力的数量能用货币来约略地衡量。这种衡量仅指它们的数量而言。动机的质量，不论是高尚的还是卑鄙的动机，在性质上是无法衡量的”。[②] 他还说到“指出以下一点是重要的：经济学家并不能衡量心中任何情感的本身，即不能直接地来衡量，而只能间接地通过它的结果来衡量。即使一个人自己在不同时间的心情，他也不能准确地互相比较和衡量。至于别人的心情，除了间接地和推测地从它的结果来衡量外，是没有人能够

① 马克思：《资本论》（第一卷），人民出版社，2004年版，第51页。

② ［英］马歇尔著，朱志泰译，《经济学原理》，商务印书馆2014年版，第39页。

衡量的。”①

如果不能对需求进行直接的科学研究，是无法真正建立起科学的经济学体系的。事实上，心理学的科学发展使得这个研究的基础已经变得相当厚实了，只是因为研究方法的局限，使得经济学家们远离了心理学科学研究的成果。以往的经济学并非没有去关注和研究人类的心理和欲望，但它们却被归为消费问题来研究，而不是当作经济学最基本的出发点。在马歇尔《经济学原理》中，整个第三篇都是研究这个问题的，其名称为“论欲望及其满足”。他说道：“研究欲望及其满足，就是需要与消费的研究”。即使马歇尔关注到这个问题，他也不是建立在整个心理学的基础上来研究，而是凭借零碎的心理学思考在进行总结，最后形成仅仅体现商品价格与数量关系的需求定律、边际效用理论、价格弹性等分析工具。这些也是他总结以往经济学家们思考的结果。因此，并非某一些经济学家是这个思路，而是整个经济学界都是如此。后来的数理经济学家，索性连马歇尔著作中使用的“欲望”“心情”“动机”等词语也放弃了，仅把人类心理学与经济问题相关的问题浓缩为“需求”和“效用”。

① ［英］马歇尔著，朱志泰译，《经济学原理》，商务印书馆2014年版，第40页。

二、心理学的科学基础

随着心理科学的发展，对需求的心理学基础进行直接测量和研究的条件也越来越完善。在各种介绍心理学发展历史的资料和文献中，学者们都非常喜欢引用德国著名心理学家艾宾浩斯说过的话：心理学有一个长长的过去，但仅有一个短暂的历史。他著名的心理学贡献是“艾宾浩斯记忆遗忘曲线”，这是一个经过心理测量研究的定量结果，最常见的应用之一是用在背单词上。

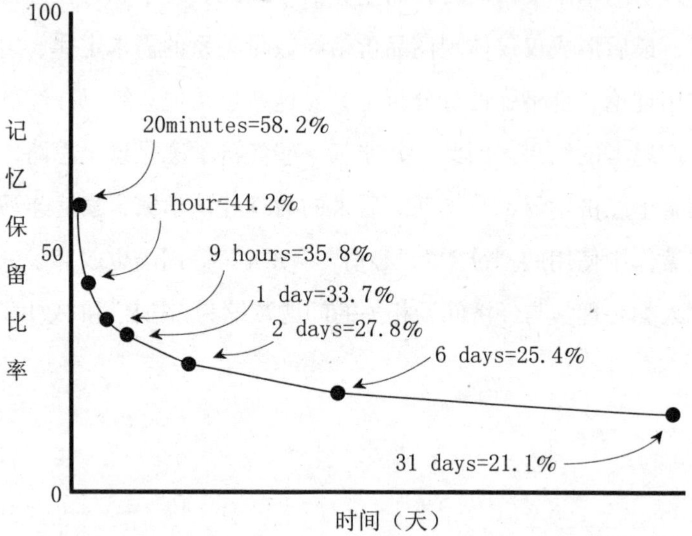

图 2-1　通过心理测量研究总结出的艾宾浩斯记忆遗忘曲线

其实，艾宾浩斯所说的并不仅仅是心理学的特征，很多学科都是如此。例如化学，在很早的炼丹术中就存在大量原始的化学知识积累。这些活动的确发现了一些化学知识，但显然不能算严格的科学活动，只有当拉瓦锡将实验和测量方法引入化学领域之后，化学才正式成为一门科学。一切近代意义上的科学都是建立在测量和实验方法基础上的，而这个方法地位的确立和完善也只是近代的事情，可以追溯的时期也就是培根、笛谷和伽利略等人的时代。心理学 Psychology 是“psyche”（灵魂）和后缀“–ology”（学科，很多学科都带有这个后缀）组合形成的，也就是说心理学是关于灵魂（心灵）的学问。在拉丁文中它是“psyche”（灵魂）和“logos”（阐释）组成，也就是阐释灵魂的学问。

与其他所有近代科学类似，心理学成为一门公认的科学，是以德国学者威廉·冯特，于 1879 年在德国莱比锡大学创立世界上第一个专门研究心理学的实验室为标志。尽管心理学的科学性受到过一些学者的质疑，但至少从其以实验作为其科学基础来说，它与其他近代科学学科的建立是一致的。

经济学的科学基础是什么，其实还远不如心理学这么清晰。虽然比较公认以亚当 · 斯密的研究作为起点，但这并不严格和明确地符合第二代科学的定义。

三、心理学的成果

本书显然不能将整个心理学的知识体系重复一遍，此处介绍的目的只要能让人们理解到两个方面即可：一是心理学已经是一门科学，并且有丰富的足够支撑经济学需求研究的科学基础；二是经济学研究需求时，需要从外部“调用”心理学的科学支撑时，知道相关的学科是什么，从哪些学科去调用这些科学知识。

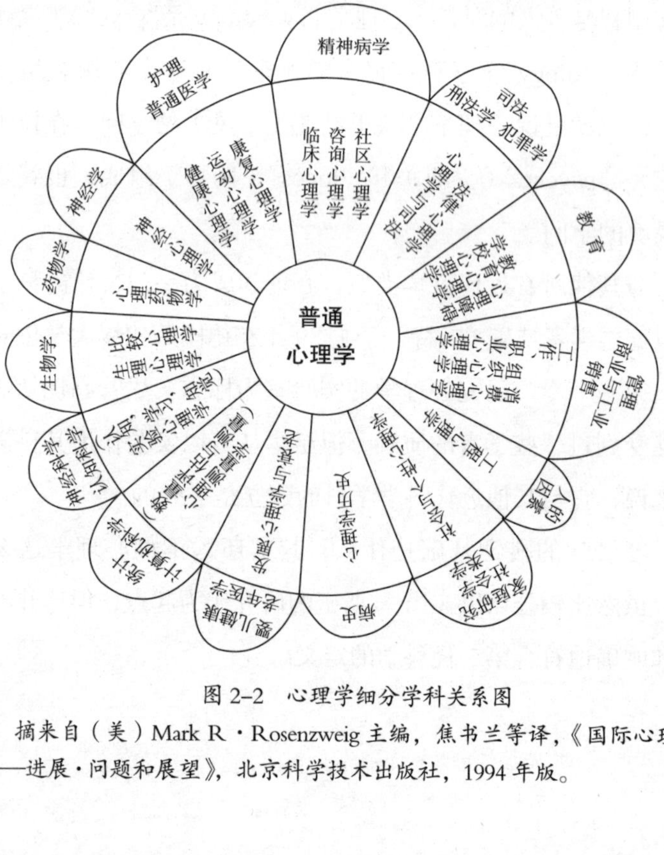

图 2–2 心理学细分学科关系图

摘来自（美）Mark R · Rosenzweig 主编，焦书兰等译，《国际心理科学——进展·问题和展望》，北京科学技术出版社，1994 年版。

虽然图 2–2 是根据 1994 年前的心理学进展总结的，但还是可以看到，以普通心理学为核心，心理学从基本的理论到应用已经发展成一个很庞大的科学知识体系了。

心理学主要从以下几个方面进行研究。

普通心理学。研究心理现象产生和发展的一般规律。

生理心理学和心理生理学。心理学虽然研究的是精神现象，但它们必须要以神经系统作为基础。这就需要研究心理学的生理机制和基础。这种研究对临床心理治疗尤其具有重要意义。

发展心理学。人类心理现象并不是一个静态的，而是在人生长发育的不同阶段具有非常不同的表现。人是从动物进化来的，因此研究动物的心理现象并与人类进行比较，也有助于更好地理解人类心理发展规律。

教育心理学。教育无疑是人类智能和科学能够延续的最重要途径，它本质上也是人类的一个心理过程。前面谈到的记忆规律就是教育和学习非常重要的心理规律之一。教育心理学是教育改革的支撑和基础。教育心理学与传播学的类似和差异在于，教育心理学不仅要让知识和信息传递到学习者，而且需要使后者准确地接受和记住，而传播学重点只在于信息传递到人们那里，使人们关注到，至于是不是接受、接受了是不是准确都不是重点。就是人们常说的吸引住“眼球”，而不是大脑。

医学心理学。不仅心理和精神本身可能会有疾病，很多表面是生理上的疾病，其实与心理之间也是有密切关系的。这些都是医学心理学的研究对象。

工程心理学。现代科技中的人机交互会大量地用到心理学研究中，尤其像音视频相关的工程领域，需要感觉心理学测量结果的支持。产品设计、包装等，更是需要符合心理学的规律。

社会心理学。人类的心理不仅仅表现为个体的现象，更是在社会群体中体现的。不同社会群体也会表现出特定的心理现象。[①]

在任何一个学科领域，都可能会留下该领域杰出的，尤其开创性的学者贡献的痕迹，心理学也是如此，只是心理学领域这个特点更为浓厚而已。

四、七大心理系统

如果直接引用心理学的研究结果，是难以将它们应用于经济学研究的。因为心理学仅仅是把心理作为一种现象进行描述，还没有去揭示其内在的原因是什么。我在《实验、测量与科学》一书中弥补了心理学研究的这个缺口——为什么会有心理现象？“与对有机体组织进行科学研究的进化论原则一样，人或动物的所有心理过程也都是进化的结果，它们对生物都对

① 以上分类可参见彭聃龄，《普通心理学》，北京师范大学出版社，2001年5月版。

应着相应的生存意义、目的和价值。只要以这个进化论理解为原则，我们就可以很容易区分出实现不同生物生存目的、功能和价值的‘七大心理系统’：食欲系统、神秘系统、依恋系统、娱乐系统、性欲系统、自尊系统和智能系统。”①

这“七大心理系统”的运行机制都遵从心理系统运行的一般原理，就是反射原理。心理即是对生存状态的反应，也是适应环境和生存的驱动。这就是经济学最重要概念“需求”的本质。因此，需求既是对生存状态的反应，也是驱动人类适应环境行为的动力。不同的心理系统，其对应的需求和行动有很大差异，只有研究清楚所有这些心理系统本身的运行机制，才能对需求有科学的了解。本书并不去展开讨论需求机制的心理学内容，这个内容太庞大，需要心理学学科去研究。我们在这里只需要讨论清楚这两大学科之间的接口就可以了。

① 参见汪涛：《实验、测量与科学》，东方出版社，2017 年版。

第二节 需求基本概念

科学的公理体系是由一系列“不定义的基本概念”和以“不定义的基本概念”为基础的“定义的概念”以及基本公理组成的。而后以这个公理体系为基础，推导出这个体系的一切命题和结论。无论是不定义的概念，还是定义的概念，都必须满足可测量的基本要求。本章我们会严格按照这个科学的要求，以经济测量学为依据，建立科学经济学的公理体系。本节我们首先建立的是与需求相关的基础概念。

一、欲望

欲望在科学经济学中是一个不定义的概念，在心理学的意义上，它是可测量的。欲望是反射弧中的核心环节，它以中枢神经系统为物质基础，承担反射的策略功能。它的具体机制表现为心理过程的七大系统：食欲系统、神秘系统、依恋系统、娱乐系统、性欲系统、自尊系统和智能系统。不同的心理系统，是用于处理和应对不同环境和变化的策略体系。

无论在日常生活，还是在心理学、营销学中，无论是学术研究，还是文学艺术，对欲望的词语描述和对欲望的内涵解释都非常多。从比较狭义的含义上说，“欲望”这个词语带有较多物欲，甚至性欲的色彩。而从广义上说，欲望可以是所有心理策略驱动的心理活动。一般的科学概念总是希望严格区别于日常生活用语，以便使其精确的含义不受污染。但对于欲望，心理学研究却稍有不同，因为心理学本身就是研究人类日常生活的。如果过于区别于日常生活，反而会使心理学研究不准确。因此，我们在使用“欲望”一词时，并不努力去剔除日常生活对其赋予的含义，只是希望指出不要以某些日常生活中特定的含义去取代另一些日常生活中的含义。如下的词语无论在日常生活意义上，还是在学术意义上，都是欲望在不同角度和侧面的体现。

动机。“动机”一词更多体现为某些相对较为复杂行为对应的欲望。作为反射的策略系统，欲望是行为的驱动来源。如果对行为的驱动力对应了某个具有特定方向性的行为，这都可以认为相应的欲望体现为“动机”。但是“动机”一词较少用在如满足食欲等简单的行为。其实，因饥饿感的驱使而去餐馆就餐的行为，这同样是一个“动机”，只是日常生活中一般不这么表达而已。“动机”一词带有某种谋略性的、勇敢的、投入较大的、需要克服某些天然欲望的、与其最初刺激因素距离较远的、需要了解一番才能明了的、可能会有些奇怪难以理解的等意义的行为，甚至较广泛用在犯罪行为的心理驱动因素上。如果人们只是去正常吃饭，不会有人去追寻这个行为的动机是什么，因为既然是吃东西，显然就是因为饿了，要吃东西解饿。但是，如果一个人原来吃东西正常，但在某个时期突然转为长期坚持每天只吃很少的食物，且只吃素食，我们就会认为这个奇怪的表现背后一定对应着某个动机。例如可能是为减肥等。

兴趣、爱好。兴趣和爱好是指对某些方面具有天生的、有倾向性的、对应自身特长的欲望。它也带有非正式工作方面的欲望色彩。它们较多与心理的娱乐系统相关联，如运动或音乐方面的兴趣和爱好。

情绪。情绪较多用来表达“七大心理系统”的兴奋与抑制、正向与负向等欲望的心理表现方面，而不是特定的欲望对象或行为方向。情绪高对应着更为兴奋，情绪低落对应着更为抑制。

理想。理想是较为长远的欲望，甚至是人生数以十年计算的周期长度上，会持续坚持的欲望。

意志。“意志”一词可能在表面上带有与欲望相反的色彩。人的欲望有多种，它们相互间可能协调一致，也可能不一致。如果理性的、认为应该去坚持的行为方向与人的某些天性的欲望相冲突，从而需要去克服才能使得前一个行为方向得以持续，我们就说需要意志力。但是，虽然意志是对某些欲望的克服，但其本身依然是一个欲望，尤其人的智能和理性认识到的对人有益的行为方向。例如，有某个特殊的任务需要人连续工作三天三夜。完成这一工作的强烈欲望，更多是从理性角度认知到的。但当夜晚来临时，人的生理系统会发出很强的疲劳信号使人产生强烈的睡眠欲望。此时，要实现及时完成该项工作的欲望，就需要意志力去克服生理的睡眠欲望。

信念、愿景、使命。这三个词有些超脱于一般欲望的概念，它们更多体现在精神层面。但它们只是最高级的欲望而已。并且，只有当它们成为人心中真正的欲望，而不是抽象的词语，才能切实地起作用。信念，带有对某些规律性的认识，但又难以完全给予科学详细的数据支持，因此会以信念的方式坚持相应的行为方式判断。信念并不特定于低级和具体的行为，而是具有一定的抽象性，是某一类行为的指导原则。例如，认为只要做事日清日毕，就必然能极大提升工作效率，并带来好的工作结果。这种坚信和认知就带有信念的概念。当然，信念较多用于表达对于人生观、价值观层面的宏观或抽象行为策略。愿景和使命现在较多用于企业文化的表达。愿景原意是指希望看到的情景，它在企业文化里是指企业努力去实现的长期、远期甚至永久的宏观目标。而使命则更多指为实现愿景而必须去从事的行为。这三个词，包括理想等，是最为抽象、长远、稳固和宏观的欲望表达。

希望、盼望。欲望一般对应于存在欲望的个体或组织通过自己的行为去满足和实现，而希望和盼望则带有存在欲望的个体不能通过，或不能完全通过自己行为去实现，而将实现或满足此欲望的行为，或部分行为寄托于他人或环境。例如，子女的成就会满足父母自尊的欲望，但父母不能通过自己努力的行为去实现，就将这种欲望寄托于子女身上。此时就是对子女的希望和盼望——“望子成龙”。而西方社会较多意识到父母将自己的欲望寄托于子女身上可能不一定带来有益的结果，因此会将更多爱和使子女能够享受人生的知识传递于他们，他们更多“希望”和“盼望”子女能够人生幸福。由此可见，父母爱的欲望寄托于子女身上依然是一个普遍的现象，只是希望和盼望的内涵有所不同。

梦想。与理想类似，只是较多带有更为遥远、更为美好，但可能有些难以实现或带有与行为脱节的欲望含义。

本能。本能更多带有与生理和天性相关的欲望色彩。它不是通过经验和后天学习获得，而是在长期进化过程中，已经固化到遗传系统向后代传递的反射策略。由于要真正严格区分到底哪些属于遗传，哪些属于后天学习存在困难，因此心理学对于本能的研究也存在较多混乱。尤其是当某些反射策略并非是完整地进行遗传，而是遗传相应的基础，要完全实现还必须后天学习，此时要严格区分本能和后天学习就非常困难。例如，某些人具有音乐的天分，但只是音乐的天赋较高，依然需要通过后天学习音乐才能使这种天赋体现出来。此时就很难区分什么是本能，什么是后天习得。“本能”一词还有相应的反应策略已经深入到潜意识，无需经过明显的思考过程就可做出反应的含义。此时，“本能”一词就不再严格要求是先天遗传拥有、非后天习得，而只是强调该反射策略已经达到极为熟练，深入潜意识，可随相应刺激物的出现而潜意识就可做出反应的含义，此时人们称它为“本能反应”。如果在这一个意义上使用“本能”一词，就不再局限于本能必须是天生的、非后天习得的约束，而是指“已经比较强化和固定的，深入潜意识的，可以非常快速和熟练地对环境做出反应的欲望”等含义。这样的定义将更容易测量和界定。

除了以上概念和词语以外，人们也可能给出更多的表达欲望的概念和词语。

通过以上在日常生活和学术研究中对欲望各种不同方式的词语表达分析，我们可以对欲望概念有一个较为全面的了解。从人对客观世界认识和反映的角度看，欲望是人对世界反映的最终表现形式和结果。因此，它是人以自身天性的方式认识和反映世界的终点。例如，当人看到一个食物时，食物有客观的颜色、气味、体积等物理特征。如果以客观测量仪器进行测量，获得的反映结果是食物对象的成分、重量、体积、颜色等物理参数。虽然人的感觉器官也会对食物的物理特征有相应的反应，但人的整个心理系统对食物的最终反应是进食的欲望。

从人改变和适应环境的角度看，欲望又是行为的起点，是驱动行为的源动力，并为行为指出目标和方向。而当通过合适的行为满足了欲望之后，欲望对应的人的内在缺失得以平衡。因此，欲望的满足又是行为的终点。以上就是欲望在人进化和适应环境的反射循环中所处的位置和基本作用。

作为科学的概念，必须要对应于测量的基础，才能有更为清晰的研究。对欲望同样如此。对欲望的测量基础包括：欲望的强度，欲望的类型和方向，欲望与具体需要或需求的关联及耦合。

二、需要

当我们讨论欲望时，是以心理反应为终点的。但当讨论需要时，是以欲望为起点，开始指向特定的方向。需要侧重于欲望的指向性，它不仅是指心理上存在的状态，而且指向特定的反射弧的行为对象。如，单纯的饥饿对应于对食物的欲望，而如果食欲具体地体现为想吃四川担担面，那么就可用对四川担担面的“需要”来表达相应的欲望。

三、欲望的强度

到目前，心理学对欲望强度的测量还难以达到以一定量纲和计量基准定义来表达的精确程度，只是大致以极强、强、中、弱、极弱等相对强度概念来描绘，或以分值来进行定量测量的水平。在欲望强度的定量测量和分析上最重要的成果之一，是研究欲望强度与工作效率之间关系的耶基斯—多德森定律[①]（Yerkes——Dodson law）。简单想象会认为欲望越强，相应驱动力就越强，由此对应的工作效率（欲望驱动的行为）就会越高。但心理学家耶基斯和多德森，通过对欲望强度和工作效率的关系进行定量测量研究之后发现的规律并非如此。两者之间并非一种线性的关系，而是一种向下凹的U形曲线关系。也就是在中等欲望强度上，工作效率会达到最大化。如果超过这个水平，欲望太强的话，反而会因此导致心理焦虑等过大，影响工作效率。在运动场上获胜心理欲望的调节，充分反映了这一规律的作用。如果因想拿冠军的欲望过强而太紧张，反而会影响运动员水平的发挥。

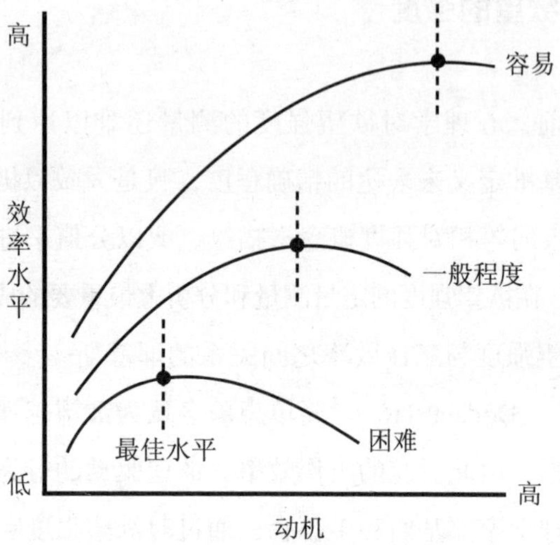

动机强度、课题类型与工作效率的关系

图 2–3　耶基斯—多德森定律，摘自彭聃龄：《普通心理学》，北京师范大学出版社，2001 年版，第 326 页。

不同工作性质，其最佳欲望强度也不同的，工作内容越简单，欲望强度越高，就越可以提升工作效率。而如果工作内容比较复杂或困难，最佳的欲望强度需要降低，否则会“欲速则不达”。

以上就是耶基斯—多德森定律所给出结论的大致描述。

数理经济学家在讨论稀缺性假设时常提到，人的欲望是无限的，但资源是有限的。但“欲望是无限的”这一判断的确切含义是什么呢？在做此判断时，对欲望的量度采用的是什么测量手段呢？事实上，数理经济学对此并没有给出任何明确解释。人们之所以会产生“欲望无限”的误解，来自于以下事实：

欲望的强弱只是整个心理调节过程中呈现的变化。相同的欲望强度，可能会对应不同量的需求。例如，一个穷人对1000元钱所产生的金钱欲望，可能与一个富人对1亿元钱产生的金钱欲望强度是一样的。但是，欲望本身的强度是在有限范围之内的。

人的自尊系统是以相对差值来体现的。这种“以差值来体现”的方式并非完全是自尊系统特有的现象，它是一种较为普遍的心理和感觉模式。如皮肤感觉的适应机制，会使相同物理量对皮肤的刺激，在经历一定时间后会被适应，不再有明显感觉。另外，像青蛙等动物，其视觉甚至只对运动变化的对象有感觉，而对完全不动的对象不产生视觉反应。这种相对差值的感知和心理机制，会形成“没有最大，只有更大”的无限变化趋势。例如，人可能对每年的薪资绝对值是多少很快不再有感觉，而只会对每年薪资增加多少有明显感觉。这会导致相应的欲望呈现为无限扩大。

我们需要理解的是：

无论食欲是否无限，人的胃口容量是有限的。

无论旅游的娱乐欲望是否无限，人的闲暇时间是有限的。

无论运动的欲望是否无极限，人的体力是有限的。

……

经济过程要满足的、并且能够满足的只是需求，而不是欲望。无论欲望是否无限，不能以此简单推论说需求也是无限的。经济过程中有哪种产品的需求是无限的呢？从来没有过。因此，过于简单地以概念不清的“欲望无限”来作为“资源必然是相对稀缺”的证据，是一个在没有对欲望进行深入科学研究和测量的前提下，极为粗糙和存在严重错误的推论。严格地说，**欲望驱动行为后，直接满足的是需求，通过需求的满足，而使欲望得到平衡，其表现为欲望强度减弱，心理转入平静**。因此，当我们提到“满足某个欲望”这个说法时，一定要清楚其确切的含义和过程到底是什么。

四、欲望的方向

不同的心理系统，产生相应的欲望之后，本身就会指向一个大致的，与其心理系统相关的方向。还是以食欲系统为例，当产生饥饿感后，会产生对特定食物的欲望。这就指出一个大致的方向。欲望只有指向确切的方向，才有可能变成行为，否则，只能陷入焦虑和渴望之中，却无所适从。如果人类欲望不能有确切的方向，或者相应的方向受到社会、家庭或其他环境的压抑而不能释放，却又找不到替代出口，过于严重的甚至会导致心理和精神的不健康状态。

例如，如果仅仅是想吃东西，虽然这是一个大致的方向，但不知道该吃什么具体食物，这依然无法确定该怎么做。只有当食欲确切地指向某个具体食物——如某个餐馆的重庆火锅或另一个餐馆的汉堡快餐，才能做出实际决策，并驱动相应的行为来获得该食物。如果只知道想吃，但"随便"吃什么都可以，餐馆和超市里却都没有"随便"可吃。顺便提一下，为解决此欲望选择的难题，的确发现有极少数餐馆推出一道菜叫"炒随便"。

欲望所指向的方向越具体，就越是容易变成具体的行为。可选择的方向越多，越可以为欲望找到具体方向提供更多可能。但当选择太多时，人又会陷入选择的困扰，而不知道该选什么。

五、需求

需求是以欲望为基础的，它是具有以下两个特征的欲望：

1. 有具体的、可确定实际对象的方向（需要）。

2. 能够以技术上可能的和能力上可行的方式获得对象或实现相应的目标，以最终有效平衡欲望。所谓技术上可能，是指欲望对应的方向具有技术可实现性。如人们有想登上月球的欲望，虽然美国宇航员在 1969 年就已经登上月球，但因其技术难度太高，事实上直到现在绝大多数国家都还没有这个技术能力。这就是技术不可行的。能力上可行是指虽然技术上是可行的，但可能自己没有这个支付能力或其他个人能力。如存在获得一架私人飞机的欲望，首先要具有相应的支付能力，另外要会开，并且身体条件容许去开飞机。

当欲望具备以上两个特征时，就成为需求。

我们需要澄清的一点是，需求并非意味着就只是对应于买方或消费者一方。我们在定义需求时，是直接以欲望为基础的。而经济过程中一切人的活动，都是以欲望为基础，并体现为需求的。也就是说，无论是消费者还是生产者（买方还是卖方），都是以需求为驱动的。买方的需求是针对购买某一产品对象，而卖方的需求是以销售某产品而获得利润。交易的发生是双方需求都可以获得满足的过程。如果我们不能清楚地认识到这一点，而把供给当作是与需求相对立的另一方，将无法真正理解什么是供给。并不存在没有需求或欲望基础的天使去产生供给行为。更重要的是，欲望或需求的基本规律，是适用于买卖双方的，而不仅是适用于作为购买者的一方。

六、满足及满足的量度

满足是通过需求驱动的行为，使得该需求对应的欲望得到平衡，缺失状态得以弥补。满足的含义和本质并不难理解。需要深入讨论的是满足的强度。欲望和需求有不同的强度，满足也是有不同强度的。从弱到强可体现为：

反感。不仅与需求不能相符合，而且存在侵害甚至严重侵害原有利益的地方。处于反感程度时，不仅得不到满足，而且很可能会引起法律诉讼等后果。

不满足。与需求存在相违背的地方，甚至最低程度的需求符合度都达不到。如果作为购买产品的客户一方，当处于不满足程度时，一般不会再有第二次消费了。不仅如此，这个客户甚至会成为该产品的仇敌，分享大量负面信息给周围能够通知到的人。

勉强满足。与需求有最低程度的符合，但存在很多不足之处。除非迫不得已，处于勉强满足的程度时，一般也不会再有第二次消费了。客户有可能会分散相应负面信息给周围人。

基本满足。与需求的主要方面符合，存在不足之处。

满足。除少数方面外，与需求所有方面都相符合，只有极少不足之处。

满意。客户几乎找不到不符合要求的地方，也几乎找不到不足之处。

非常满意。不仅达到满意的程度，而且有超越客户需要的地方。

忠诚。长期使客户获得满意甚至非常满意，从而使客户建立高度的信赖和依恋。从而使短期和某次的非常满意变为长期的忠诚。客户甚至达到以能够消费该产品为荣耀的程度。

疯狂。在传统营销理念中，客户忠诚已经被认为是最高的满足度了，而事实上还有远比客户忠诚更高的满足程度，这就是客户疯狂。产品不仅在几乎所有方面远远超出客户预想，而且追求极致的完美。不仅是产品本身极为完美，而且它在某些方面最深刻地触及了人类最深层的欲望(现在被称为“痛点”)。它导致客户以极为疯狂的态度去追求该产品。只有极少的厂家和产品能够达到这样的程度。例如明星的粉丝行为，乔布斯所创造的i系列苹果产品等。人们以“卖肾”换钱来买苹果产品来形容客户对苹果的疯狂程度。为获得最新款的苹果产品，大量疯狂的客户甚至愿意提前排队，整夜地睡在苹果专卖店门口的大街上，以获得能够买到产品的机会。客户疯狂才是营销的最高境界。客户满意和疯狂的另一个途径是通过价格。每年“黑色星期五”，圣诞节大减价，中国的“双11”网络销售等，都在通过价格利器创造客户疯狂。

在实际的市场营销中，企业经常会采用“客户满意度”调查表来获得客户对自己经营和产品某些特定方面的评价情况，以便有针对性地进行改进。这些满意度调查的测量方法，一般采用10分制或100分制。最高的10分或100分一般不会采用“客户疯狂”和“客户忠诚”这两个级别，而是以“非常满意”作为满分的最高分。但这并不意味着“非常满意”就是满足程度的最高值。因为事实上，在需要进行市场满意度调查的产品和服务对象里，根本就不可能会存在客户忠诚尤其客户疯狂这样的满足程度。因此，乔布斯创造的苹果i系列产品是不需要客户满意度调查的。苹果专卖店门前彻夜排队的客户已经清楚无疑地显示了这一点。它显然是客户的最顶级满足程度。

以下是一个网络酒店定房服务的住宿后满足度调查表的内容：

总体	1 ～ 5 分
酒店服务	1 ～ 5 分
酒店条件	1 ～ 5 分
客房清洁度	1 ～ 5 分
客户舒适度	1 ～ 5 分
地区	1 ～ 5 分

上述评分最高分值为 30 分，同时提供一些评语栏等供用户发表自己的评论性意见。另外提供了用户对网络酒店服务本身的满意度评分，是以会否向其他人推荐该网络服务的形式提供，以 0 ～ 10 分给出评分，并可选择推荐的原因。

这种评分设计简单易行，如果太复杂，用户可能不愿意去花时间填写。有时填写完这种评分后，网络酒店服务商还会给些优惠奖励。但从这种很简单的满意度调查中，商家还是可以获得大量很有价值的用户信息。

以上我们讨论满足时，较多采用的描述和案例是从买方角度来谈的。如果是卖方角度，从最低的反感层次，一直到最高的“疯狂”层次，会依次有如下对应关系：

反感。严重亏损，或投资经营的完全失败。

不满足。轻度亏损。

勉强满足。低于预期的赢利。

基本满足。接近或达到预期的赢利。

满足。略高于预期的赢利。

满意。高出预期一定比例的赢利。

非常满意。成倍高出预期的赢利。

忠诚。长期持续获得超出预期的赢利。

疯狂。福利彩票中大奖，以数量级程度超出预期的赢利。

在以上我们讨论欲望、需求和满足的定量测量方法，采用的都是分值测量方法。这种定量测量方法在社会领域大量采用。它一般是采用程度最高的一个对象为基准，把它定义为最大分值 10 分或 100 分，再确定一个最小值为 0 分，低于这个值的可以为负分。而后其他不同程度以相对于这个最大值的比例来确定分值的绝对值。这种评估带有主观评价的成分，目前技术上还很难还原为以 7 个基本国际计量单位为基础的物理量。因此，在理解和使用这些测量数据时，一定需要注意测量时参照的对象和个体的差异性。

但是这并非意味着未来不能做到这一点。因为在一般经济运行过程中，要想对某个个体满足程度进行生理指标的测量会非常困难。例如，当一个人对某个产品感到很愤怒时，如果此时客户知道要对其愤怒的生理状态进行测量，他（她）可能会感到此事很可笑，并且难以完全保持相应的感受状态以完成测量过程。但在未来，如果可穿戴设备能够大量应用，人们在穿戴有大量可对人体生理状态进行测量的设备时，其真正满足程度对应的各项生理指标，就可在不影响个人感受情况下自然地被记录下来。如果对这些测量数据进行分析，有可能形成可还原为物理学计量单位的欲望、满足等强度的量度方法。

第三节 产品、效能及成本

一、产品

产品，也叫商品，是可以成为需求对象的物品或服务。事实上，在过去的各个经济学研究，包括数理经济学研究中，都尽力回避产品本身物理特性与需求，甚至产品价值的关系。这个研究的确比较复杂，难度极高。

产品有三个方面的基本特性：效能、成本、价格。

效能体现了它对买方需求的满足。

销售价格减去生产成本体现了卖方需求的满足。

在过去所有的经济学研究中，一个最大的问题和争论点是产品的价格（或称价值）是如何形成的？由什么来决定？经济学历史上曾有以下各种观点：

- 生产成本决定论
- 劳动价值论

· 交换决定论
· 边际效用价值论
· 供需均衡决定论
……

有的认为价格就是价值，有的认为价值与价格有区别。

此处，我们暂时先不去回答这个问题，只是要说明，人们认为价值或价格是产品本身固有的一个属性，甚至是一个独立的属性，这种看法本身就是有问题的。产品价格的形成和确定，比人们想象的要复杂得多。它是其生产成本、产品效能、客户需求、竞争状态，甚至客户对照的其他产品价格（或者说客户对照的其他同类需求满足的成本）以及讨价还价能力等因素共同决定的结果。我们要在讨论完等效能和异效能买卖分析之后，才能完全明了产品价格的完整形成机制。

二、效能

效能，是产品自身与需求相符合的客观特征。欲望和需求存在于人类自身，但效能完全是客观存在于产品身上的，并不以欲望和需求的变化而变化。对于效能的定量测量，不能直接体现为经济的货币单位，而是以物理特性来描述。如汽车的速度、载货量；食物的营养、成分、重量；服装的面料、颜色、款式等。

某些效能的测量可能难以完全避免与需求的关联。如，食物的口感、电视色彩的鲜艳和美观程度。但事实上，这些效能的评测是把人的感官当作客观测量仪器来看待的。它们也可以不依赖于人类，而采用客观的分析仪器来实现。

三、错误的效用与边际效用递减

传统经济学里的“效用”概念，是把效能和需求的满足混淆在一起而形成的产物。本质上是一个完全错误的概念。表面上看，边际效用递减是有心理学依据的，其原因在于，人类的心理系统产生需求是为刺激人类去寻求满足，当相应的行为使人的需求得到满足后，相应的需求强度就应当降低，否则这种行为就会永远停不下来，反而导致对身体的损害。以食欲为例，肚子饿了就是刺激人寻找食物进食。当进食逐渐填满胃时，饥饿感和进食的满足感就必须要不断降低，否则进食行为就会永远停不下来，最后把肚子撑破。因此，相同产品的增加给人带来的满足感一般来说应当不断降低，才能使人类对相应的需求降低，并最后停止。但是，这个仅仅在人类反射周期的特定阶段才有效的规律，远远不是一个普遍的规律。有三个方面的原因使这个规律只限定在特定的范围。

一是人类的需求强度有周期性，以上边际效用递减一般来说只是在一个反射周期内才会如此，而不会是永久有效的。例如，人类的进食一日三餐，吃饱后，过一段时间又会饿。如果是以上一个反射周期最后阶段的进食，与下一个反射周期最饥饿的阶段相比较，边际效用不是递减，而会是增加。简单来说，假如都是吃饺子，前一个饺子是中午饭最后一口，已经很饱了，因此满足感是最低的。但到晚上已经非常饿的时候再来吃饺子，第一个饺子显然要比中午饭的最后一个饺子满足感强得多。如果边际分析的两个相临产品的消费跨越了反射周期，它的满足感就不会是递减，而一般来说会是增加。

二是就算在一个反射周期之内，如果仔细分析反射周期详细变化过程，也不是简单地边际满足感递减的。图 2-4 是摘自我的《实验、测量与科学》一书第十五章图 15–4“一个反射周期内欲望强度的变化”。

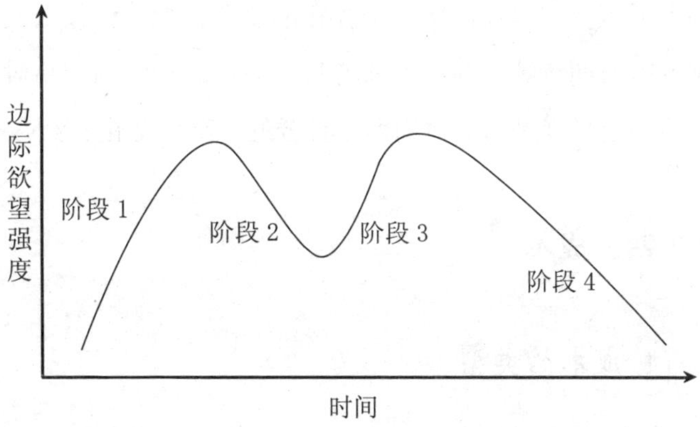

图 2–4　一个反射周期内欲望强度的变化

这个分析表明了，在阶段1和阶段3，边际的欲望强度也会是递增的，阶段2和阶段4是递减的。

三是人类消费习惯也会有学习和强化的过程。最初喝啤酒和红酒时会感觉很难喝，但逐渐学习和习惯后，会越来越喜欢品味。这意味着边际的满足感在逐渐增强。有些产品的满足甚至会不断上瘾，越来越强。正因为如此，营销学中才会存在对消费者习惯的培育问题。

因此，缺少心理学测量基础的需求分析都是非常空洞的。如果按照边际效用递减的说法，人类社会的经济活动很快就会陷入停滞，因为任何产品的边际效用都很快会递减到零，都不再需要了。这怎么可能？但就是荒唐到如此地步的经济学观念，居然堂而皇之地长期存在！

心理学的反射周期，对理解需求是非常重要和关键的。它解决了多个在以往经济学中存在的难题，如：为什么人类的需求可以长期持续，并会不断增长？为什么相同的产品对人类需求的满足强度是与反射周期相符合的、高度变化的？……

四、成本

1. 成本的类型

成本是为获得需求的满足而进行的所有付出。它主要包含如下各个不同的方面：

生产制造成本。相当多的产品是通过生产制造过程实现的。这个成本包括，研发成本、固定资产成本、原材料采购成本、管理成本、运输成本、仓储成本、财务成本、交易成本（广告成本、营销成本、零售批发成本）、税收成本、工程服务成本、使用成本等。

风险信用成本。交易过程是有各种市场风险和信用风险的，如因拖欠形成的坏账、法律诉讼风险、信用等级不同的风险等。风险和信用等级不同，会形成融资条件、付款账期等差异，由此导致不同的成本。

安全成本。财产安全保卫、灾害防范等，也都会带来相应成本。

质量成本。因产品质量不满足要求而导致的退货、换货、维修、赔偿等成本。

2. 成本的分摊

从以上简介可看出，成本类型是相当复杂多样的。而所有这些不同类型的成本，最终都必须要转化体现到每个出产的产品中。某些成本向产品中的转化相对来说是简单直接的。如原材料的成本，一般直接体现在产品成本中。但有很多成本要体现到每个产品中却是一件相当复杂的事情，它常常因财务处理和考核管理等方法的不同而可能有不同的结果。这个过程一般被称为“成本分摊”。即使看起来很简单的原材料成本，要体现在具体产品中也可能表现出复杂性。例如，因原材料采购批次的不同，其价格可能是不一样的。那么具体某个产品该采用哪个原材料的价格作为成本计算依据呢？这就是一个库存管理的问题。处理方法有“移动平均法”和“先进先出法”等方法来确定原材料成本转向最终产品成本。

移动平均法。是将不同批次的相同原材料价格进行加权平均，在没有新的同类原材料入库之前，就以这个加权平均价作为该原材料的成本计入产品中。

$$加权平均价=\sum(进货数量\times进货价格)/\sum进货数量$$

先进先出法。是先采购的原材料，先消化掉，并且以该批次原材料采购价格转化进该批次的产品中。这意味着如果不同批次原材料价格不同的话，因采用或消化不同批次的原材料，而会导致成本不断发生变化。

而其他大量并非针对某个产品，而是面向整个企业或部门的管理、营销、广告、财务等成本，必须要以某种方法来进行成本分摊。尤其当一个企业生产大量不同产品时，成本的分摊更是一个复杂的问题。一个企业平台资源被更多产品所共享，可以降低每个产品经营的成本，而其确切成本的计算却更为复杂。例如，一个企业有 50 个地区销售部门，每个地区销售部门都可以销售公司所有 10 个大类，100 多个不同品种的产品。因每个产品在每个地区销售部门的销售额和比例都是不同的，那么销售系统的成本和费用如何分摊到每个产品中去，就是一个相当复杂的财务过程。一般企业中采用的方法有：

按销售额分摊法。将所有销售费用加起来，以每个产品销售额为权重进行成本分摊。这样，销售额越大的产品，分摊的成本就越多。

按销售额分摊的成本 = 待分摊总成本 × 需分摊部门销售额 / 全公司总销售额

按人头分摊。将所有销售费用加起来，以产品部门的人员数量为权重进行分摊。产品部门人员越多，分摊的费用就越多。

按人头分摊成本 = 待分摊总成本 × 需分摊产品部门人数 / 全公司产品部门总人数

因产品销售时，还不知道最终每年销售费用是多少，因此，这些分摊方法只能是事后进行，而很难在产品出厂前去确定。如果按年初预算来进行的话，可以提前分摊到每个产品部门，但因预算与最终结果一般不会完全一样，因此这样分摊的成本就不一定与实际完全一致，而会存在误差。即使分摊到了每个产品部门，如何分摊到每个产品也是一个问题。因为在年初时，并不确切知道每年的实际销量到底是多少，因此，即使年初能够将成本分摊到每个产品部门，要把它们分摊到每个产品，也只能按预计销量进行：

年初每个产品预计分摊的成本 = 该产品年初预计分摊的总成本 / 该产品预算的年销量

另外还有按项目进行成本分摊的处理。

对于会长期起作用的固定资产，是以年度为周期折旧的方式计入成本。这个年度的总成本需要再按以上方法分摊到每一个产品中去。

不同的分摊方法，会对管理或考核产生不同影响。如，按销售额分摊，会有利于还处在研发，未进入市场的新产品。而按人头分摊，会对减员增效有促进作用。

全成本概念。对于成本计算，需要考虑“全成本”概念，而不仅仅是产品生产成本。一种产品在使用的全寿命期间，会涉及多项持续发生的成本。如电子产品的耗电，会是一个除产品本身价格之外的成本。它会在产品使用中持续发生。另外还有维修、消耗品的损耗、产品使用、培训等成本。在 IT 业中采用 TCO（Total Cost of Ownership）——总体拥有成本，在机械设备、武器装备等行业中采用 LCC（Life Cycle Cost）——全寿命周期成本等来定义和分析计算相应的全成本概念。

科学经济学原理 KEXUE JINGJIXUE YUANLI

第三章
满足、交易与买卖

本章彻底否定了微观经济学“供给”与“需求”的基本概念，对科学经济学的基本概念进行严格定义，包括自我满足、易货交易、货币交易、买方、卖方。

第一节　交易

人类满足自己的需求可以通过三种方式：自我满足、易货交易、货币交易。后两种都是交易方式；自我满足，或自给自足，这是非交易的方式。

一、自我满足

在人类早期社会，获取所需产品是通过自我劳动方式实现的。如自主的狩猎、种养和自我制作简单的工具。事实上，直到现在，某些需求依然是通过自给自足的方式获得。如家务劳动等。甚至在欧美地区，因劳动力价格较高，一些繁重的家庭房屋装修、车辆维修等工作也是通过自力更生完成。

以往的经济学一般并不去研究自我满足方式，但是，当我们要去研究交易方式出现的原因时，就必然遇到一个问题：人类为什么会从自我满足转向交易方式满足需求？如果离开对原始的自我满足研究是无法理解的。因此，本书将特别强调把自我满足方式与交易方式统一作为科学经济学研究的对象，并使三者的基本规律建立在统一的经济学基础之上。

二、交易与易货交易

1. 交易

通过为他人提供其所需产品，来换取自己所需产品，这就是“交易”，或称“交换”。交易可以有易货交易和货币交易两种方式。

2. 易货交易

以自己拥有的产品或服务，直接换取其他人拥有的产品或服务的交易方式就是易货交易，也称易货贸易。

例如，A 用自己生产的小麦去换取 B 生产的衣服等，这就是易货交易。在这个易货交易过程中：

A 生产小麦，需要衣服，但他自己不生产所需要的衣服。

B 生产衣服，需要小麦，但他自己不生产所需要的小麦。

这样，A 和 B 通过交易都获得了自己需求的满足。

为方便表述，我们用以下符号来表示 A 用一定数量的小麦（如 20 公斤）通过易货交易换取 B 一定数量的衣服(如 1 件)。

A（20 公斤小麦）⟷ B（1 件衣服）

以相同比例交易的数量也可以更多，如：

A（40 公斤小麦）⟷ B（2 件衣服）

如果不写数量，可以是定性地表示相互交易的产品类型，如：

A（小麦）⟷ B（衣服）

三、货币交易及原因

1. 货币交易

以货币作为中间物的交易方式就是货币交易。

一般来说，经济学研究的主要是货币交易。但作为经济的最基本规律，如果不特别指出满足方式的话，应当覆盖所有以上三种满足需求的途径。直到今天，这三种方式都还存在，只是数量比例不同而已。货币交易方式占据了社会经济的绝对主流。我们只有在这本书的不同章节详细讨论了货币，以及经济学的基本规律之后，才能理解为什么是这样，以及为什么三种满足方式在今天都依然存在。

从自我满足走向以交易方式满足的原因相对容易理解。古典经济学家给出了分工、自然禀赋优势、比较优势、相对优势等理论来解释这个问题。这些理论的出发点是说通过交易来实现满足更为经济。很显然，只要去看看我们今天市场上可购买到的产品丰富程度就会明白，自我满足方式无法去生产那么丰富的产品，这是生产技术可行性上必然带来的结果。

现在我们要重点谈的问题是，为什么会从易货交易走向货币交易？这主要是因为易货交易存在很多匹配难题。

2. 易货交易的匹配难题

（1）产品品种匹配难题。

我们假设有 1000 人的一个社会，每人都生产各自的相同或不同产品。暂不考虑自我满足情况，这样每人生产的产品通过与其他人进行交易获得自己所需要的产品。其中 A 生产的是小麦，他想获得衣服。我们再假设在这 1000 人中：

有 700 人是需要小麦的（为总人数的 70%）。

生产衣服的有 35 人。

在生产衣服的 35 人中有 70%，即 25 人是需要小麦的。

从以上罗列的数字中，我们马上就可以看出易货交易的问题所在。理论上说，A 最多可以将小麦交易给 700 个需要的人，但因为想要小麦而又有 A 想要的衣服的人只有 25 个，所以最大可能 A 只能同这 25 个人进行交易。最大的交易可能性空间呈数量级地缩小了。在实际实现交易的过程中，还需要考虑双方对交易数量比例是否满意的问题。所以，实际可成交的可能性空间会进一步缩小（这种缩小对任何交易方式都是存在的）。如果A只愿意与不超过20公斤小麦换1件衣服的人交易，而在以上最可能的25人中，有5个人只愿意对方出20公斤以上小麦才肯换自己的1件衣服，那么就只有20个人是可能与A成交的了。

从以上分析可见，易货交易需要考虑到如下一些因素：

生产的产品

需要的产品

易货交易比例

只有当交易的双方在以上各方面都同时匹配时，交易才有可能实现。

当然，人是很聪明的，能不能想办法增加交易的可能性呢？例如，A生产小麦，需要衣服。C生产衣服却不需要小麦。这样A和C就无法进行交易。这时有另外一个人D既需要小麦，也需要衣服，另外他生产的大米是A和C都需要的。这样就有可能安排这样一个系列交易来撮合。

C（衣服）⟷D（大米）

A（小麦）⟷D（大米）

A（大米）⟷C（衣服）

当然，因为每个人生产和需要的产品是各种各样的，不排除还可以找出更多潜在可能的匹配方法，使得交易可以以更大的可能性进行。但是很明显，这样实在是太麻烦了。经过的环节越多，潜在的问题就越多。例如，在上述系列交易中，C两次用衣服去交易大米。如果他不需要这么多大米，或者其中与A交易大米时的比例不如与D交易划算，他可能就不愿意与A交易了。这样易货交易就会因为其中任何一个环节出现问题而进行不下去。

（2）比例匹配难题。

有些产品是可以充分地细分的，这样它就可以用数量上比较灵活的比例与其他产品进行交易。例如散装的大米、小麦等就算以最小1粒米和1粒小麦来看，在易货交易中也近似于可看成是连续的数量。即使切分成半粒米或半粒小麦，它们作为食物的价值也基本不会受到破坏。但是，有些产品是有严格最小单位限制的，如果再细分就会破坏产品的基本价值。例如衣服，最小只能以1件完整的衣服进行交易。如果两个产品都是有最小单位的，它们的交易比例必须正好是正整数才行。但如果不是正整数，就意味着必须破坏其中一个产品才能获得相匹配的交易比例。例如，用衬衣去交易大衣。假设合适的交易比例为1.5件衬衣交易1件大衣，那这个交易就没法进行。因为你不能把1件衬衣切割成两半，这样作为衬衣的价值就被完全破坏了。只有当双方交易的数量较大时，这个问题才能解决。

例如用 3 件衬衣交易 2 件大衣，这才能变成正整数使产品价值不会受到破坏。但如果其中一方不需要那么多数量，交易就很困难。这个案例中 3 件衬衣和 2 件大衣还不算太多，如果是 1.4 件衬衣换 1 件大衣的比例关系，要通过增加数量变成正整数，最少就得是 7 件衬衣换 5 件大衣。这就使得存在最小单位限制的产品之间进行易货交易存在很麻烦的比例制约。只有当两种产品中至少一个是可细分的，易货交易才不受交易比例的制约。

3. 货币交易有效解决匹配难题

如果采用通用性的，所有人都接受的一个交易中介，以上易货交易中的大量问题就全都避免了。例如黄金是所有人都需要的，这样，前述的各种易货交易就可变成如下这样：

易货交易：A（小麦）⟷B（衣服）

货币交易：

A（小麦）⟷C（黄金）

B（衣服）⟷D（黄金）

E（衣服）⟷A（黄金）

F（小麦）⟷B（黄金）

如果不考虑更多交易者的参与，原来的易货交易：

小麦←——→衣服

就变成这样：

小麦←——→ 黄金 ←——→衣服

在以上货币交易中，A 和 B 并没有直接用各自的产品去换取对方的产品，而是通过更多交易者，以黄金为中介最终换得了自己所需要的产品。表面看来所需要的交易过程更多，交易环节更多了，但因为货币中介——黄金是所有人都需要的，因此，所有交易的可能性空间都被最充分地开发了。

在前述 1000 人的社会中，有 700 人是需要小麦的，只要他们都有黄金，就全都比较容易从各个小麦生产者那里交易到自己所需要的小麦。

假设交易有 A 和 B 两方，涉及产品为小麦（数量为 n）与衣服（数量为 m），货币黄金（数量为 g）。

易货交易要考虑总共 7 个因素的匹配：

A 方生产小麦的概率

A 方需要衣服的概率

B 方生产衣服的概率

B 方需要小麦的概率

A 方希望的交易比例不高于 n : m 的概率

B 方希望的交易比例不低于 n : m 的概率

双方不会遇到比例匹配问题的概率

这 7 个因素只要有一个不匹配，交易就无法进行。易货交易成功的概率为以上 7 个概率的乘积。

货币交易只要考虑 4 个因素的匹配：

A 方需要衣服的概率

B 方生产衣服的概率

A 方希望的交易比例不高于 g : m 的概率

B 方希望的交易比例不低于 g : m 的概率

这 4 个因素如果有一个不匹配，交易同样无法进行，但涉及的产品因素只有一个。这使得匹配的概率极大地提升，这就是随着经济发展货币交易一定会占据绝对主流的原因。货币交易成功的概率为以上 4 个货币交易概率的乘积。同时，只要条件合适，无论货币交易发展到什么程度，并不排除依然存在易货交易和自我满足的情况存在。

第二节　交易存在合理性的理论

一、经典理论

在过去的大量经济学研究，包括数理经济学，尤其更早期的古典经济学研究，都有论证交易合理性的理论。即，为什么要通过交易方式获得满足？

亚当·斯密在《国富论》中首先给予充分论证的分工，事实上也是对交易合理性的论证。因为通过分工可以极大提升生产效率，而分工本身必然带来通过交易去分配这些产品。因此，交易是配合分工的必然选择。分工并不是因交易而产生，却会是交易方式的最佳伙伴。

除此之外，论述交易合理性的理论观点还有：

绝对优势理论。这事实上是亚当·斯密更进一步解释如何分工的理论。为什么某一些人选择一种分工，而另一些人选择另一些分工，原因在于他们在不同生产技术上的劳动生产率绝对优势差异。

相对优势理论。也称比较优势理论。它是李嘉图在亚当·斯密的绝对优势理论的基础上提出的著名理论。该理论是说即使一方在所有劳动生产率方面都有绝对优势，他们也应该只选择其中具有相对优势的那部分生产进行分工，而将其他生产分工交给其他人去做。尽管后者在劳动生产率绝对值上并不如前者。

自然禀赋理论。该理论以各国自然资源条件天然存在的禀赋，作为解释分工和贸易差异的原因。拥有某方面自然资源禀赋的，就会倾向于以此自然资源为依托展开生产分工。这个理论很适合描述那些如石油、金属矿藏、农业耕地等自然资源丰富的国家的经济发展。

以上理论都是很有价值的。但是，以往经济学家们对交易合理性的讨论，并没有给予最清晰的阐明，事实上，经济发展最关键的问题，就是如何促进更多的交易发生。交易发生得越多，生产和财富积累得就越多。尽管亚当·斯密的经典经济学著作《国民财富的性质和原因的研究》一再被人们所提及，但是当其较长的书名被简化成《国富论》之后，其中最关键的东西也被同时简化掉了。他是要在书中研究工业革命之后的经济产生爆炸性增长的原因是什么。其实原因很简单，财富是通过交易实现的，交易的越多，财富增加的就越多。因此，财富增加的最关键奥秘就在于如何促进更多的交易。

后来的几位古典经济学大师，尤其是马克思将注意力更多地放在了财富如何分配才更合理上。再后来的数理经济学家们则把注意力放在了经济学的数学化上，并且在“无形之手”的迷雾中追求完全看不出财富是如何增加的“均衡”上。

一切经济发展最终目的无非是解决三个问题：一是如何获得更多财富；二是如何通过财富获得更多效能和满足；三是如何更好地分配财富。如果经济学不能达成这三个根本目的，这种经济学就是无意义的。

二、交易存在的原始理由

许多人类需求的满足，天然地就必须以交易方式获得，不可能个人单独获取。至少，要繁衍后代，就必须异性的合作才能进行。这几乎是一切动物也包括人类必然的选择。

即使是在原始的部落，甚至更早的动物阶段，合作捕猎就是生存的基本模式。例如狼群的合作捕猎等。而像蜜蜂、蚂蚁，甚至有非常庞大复杂的社会组织去提升生存的机会。

以上人类为满足繁衍后代的需求，与捕猎和生存需求而进行的合作，是交易最原始的形态。交易，就是一种通过相互付出而获得自我满足的途径。

三、累积禀赋优势

无论是经典经济学家们谈到的绝对优势、相对优势，还是自然禀赋，都是相对的。事实上，最重要的禀赋和优势是**累积禀赋优势**。

通过生产发展、投资改造、学习培训等，任何一个人、组织或国家，其资源是高度可变的。累积的禀赋包括以下这些：

累积的人员能力和知识。包括劳动力素质、管理者素质，人才、个人和组织累积的知识和经验等。

累积的科技创新能力。包括创新出更多、更好产品效能，更多创新人才和组织等。

累积的产能。包括更大生产能力、更高生产效率的技术、更低生产成本。

累积的基础设施。包括生产的基础设施和交易的基础设施。

累积的生产配套环境。包括整个行业上下游配套能力。中国目前虽然在某些生产成本上有所上升，但依然具备强大的生产优势，原因在于中国巨大的生产容量，使得很多行业全行业的上下游生产配套环境全都聚集到中国某一些区域。在这些区域的生产配套能力极强，从而使其在生产成本上具有强大优势，这并不是单一生产过程的成本因素变化可以轻易改变的。

累积的软环境。包括市场软环境建设。

一些原来文盲成堆的国家，可以变成高科技创新能力突出的国家。

原来生产资源贫乏的国家，可以变成新的世界工厂。

绝对优势和相对优势都需要通过累积而提升。对于过于依赖自然禀赋的国家，其经济的脆弱性已经体现得越来越充分。一旦大宗商品价格下跌，其国家整体经济就会瞬间陷入极度低迷的境地。因此，经济与科技越是发展，累积禀赋越是在经济发展过程中占有更为重要的地位。一个国家的经济发展战略，必须要更多地建立在选择和发展更适合自己的累积禀赋上。

累积禀赋的资源需要具备以下特点：

效能长期有效性。如果其效能不能长期有效，就不可累积。如海鲜、面包等，这些资源是不可以长期累积的。能够长期有效的知识、土地、桥梁、隧道等，这些资源才是长期可用的，或“可累积”的。

资源可增长性。一些具有唯一性的文物、古迹，虽然它们也长期有效，但它们是不可增长的，因此难以成为建立累积禀赋的对象。如天安门城楼只有一个，虽然它价值极高，但不是累积禀赋的对象。这些资源只是可遇而不可求的，需要做的工作主要是去努力保护“历史沉积禀赋”。

门槛性。累积的某些资源要能发挥作用，必须累积到一定门槛，否则只是半途而废。它是一个厚积薄发的过程。一个生产厂必须完全建成可投产，它才能发挥作用；一条高速公路至少要建设到两端都与交通网相连接，才能具备最起码的通车条件。如果建成一条断头路，是没有用的；一辆汽车，只有完全组装完成，才能卖得出去……因此，累积的禀赋必须越过其发挥效能的门槛，否则为此投入的资源只是一种浪费。

系统性和良性循环。累积禀赋有门槛性，并不意味着人为抬高门槛，不计回报地永远去单向投入。尽快找到可获得良性回报的途径和累积路径是非常重要的。应当尽可能使累积的路径，进入良性指数增长的循环过程，从而可以使累积禀赋进入可以自我提升的通道。这要求累积禀赋的过程要考虑累积资源的系统性。不能仅仅只累积某个单项的要素，尽管这个要素是非常重要的，但却不能系统发挥作用。因此，需要以系统成龙配套的观念，使累积禀赋尽快成为一个完整起作用的系统，可以尽早越过门槛。例如，即使是高等院校，也不能单纯将自己看作一个只是吸收社会投资，并且单向投入，而自己仅仅是负责单一培养人才的环节。斯坦福大学对于硅谷的兴起起到了关键的资源整合作用。通过斯坦福大学的努力推动，将整个硅谷建成了集高科技创新企业、风险投资、天使投资、对叛逆非常宽容的创业文化等所有支持高科技创新的系统要素于一体的环境。这样，即使在硅谷的半导体产业走下坡路后，它依然充满创新活力，并在互联网、健康、新能源、电动汽车等众多新兴领域颇有作为。硅谷持续的创新成功，反过来又良性地给了斯坦福大学无尽的财力回馈，甚至人才回馈。而在美国东部，像波士顿周边，有大量非常杰出的高等院校，但其仅仅是杰出的高校而已，并没有推动发展出整个系统的创新环境和文化。这样，虽然其高校资源远远超过硅谷地区，高科技人才远比硅谷丰富，土地空间也相当充足，但却在高科技创新上几乎没有什么像样的作为。美国自身不同地区的创新能力的巨大差异，对于希望建设创新社会的中国等国家是有重要参考意义的。

持续性。累积禀赋要靠长期的持续累积才能获得。尤其一些生产资源，即使其本身的质量足以支撑长期效能可用，但因技术的进步，到一定时间之后也因技术落后而不再适用。这就需要持续的投入，才能保持相应的累积资源优势。任何一个人，在任何一个自己有兴趣和特长的领域，只要深入地持续累积超过 10 年以上时间之后，都会成为这个领域出色的专家。

核心竞争力。累积禀赋是构成一个国家、企业或个人最重要的核心竞争力。因为累积禀赋的系统性和长期持续性，会使后起的竞争者极其难以追赶。在追赶者进步的同时，拥有先发累积禀赋者同样在继续累积。例如，在 PC 时代微软的操作系统，其中没有任何内在分项技术是其他竞争者很难学习和模仿的，甚至竞争者有可能做得更好。但问题在于，微软长期累积的大量与 PC 操作系统相关的资源，如各种外设的驱动、对大量应用软件的支持，甚至基于其操作系统开发的合作伙伴资源等，这些长期累积的资源禀赋是竞争对手一时间难以掌握的。如果只掌握部分的话，无法形成系统的竞争能力。甚至于，后续者因为无法形成有效的核心竞争力，难以形成系统性的良性循环，都无法再继续参与到累积过程中去。

对后起技术的障碍和兼容性。累积禀赋并不完全是积极的方面，它也会有消极的方面。当围绕某个技术形态形成长期累积禀赋后，更新的不同技术形态创新就会面临巨大的不平等竞争环境。传统的累积禀赋也会成为一个对创新有强大阻碍的力量。

一个解决办法是，创新的技术需要首先考虑以向下兼容的方式进入市场，甚至利用传统技术的累积禀赋作为自己开拓市场的初期策略。但在这个过程中，不能忘掉新技术的真正优势在哪里，需要不断地利用新技术自身的真正优势去改变累积禀赋的形态和方向。例如，新能源风能，尤其太阳能初期以并网发电的方式进入市场，事实上这种模式是传统能源的累积禀赋，并且是适应传统能源特点的。太阳能采用这种方式进行商用不仅不能利用其优势，反而在能源供应稳定性上有劣势，并且极大增加了成本。但这是没办法的事情，在初期只能以这种向下兼容的方式来进入市场。太阳能真正的优势和特点是在于其移动性和在本地获取能源，并不需要远距离传输。如果以适合太阳能的特点来利用太阳能，不仅会使其技术优势得到充分发挥，而且因不需要远距离输电，不需要大容量的储能和逆变器，从而成本上也最优化。

对自身应付新环境的障碍。累积禀赋不仅会对新技术可能形成障碍，甚至对自身应付新的环境也可能形成障碍。由于累积禀赋需要在特定环境下才能持续稳定进行，这样，当这种禀赋持续增加时，也同时在锁定相应的累积环境。如果未来环境发生重大变化，原有的累积禀赋反而可能成为一个包袱和障碍。

第三节　买方与卖方

一、货币交易出现交易者性质的差异

货币交易与易货交易最关键的不同就是出现买卖双方的性质区分。在易货交易中，交易的双方性质上是没有任何区别的。在 A（小麦）⟷ B（衣服）的例子中，A 和 B 之间只有产品的不同，除此之外并没有什么本质区别。但在货币交易中，因为货币的特殊性而使交易双方出现交易性质的差异，出现了买方与卖方的差别。

由于黄金只是一种材料，它细分后还是黄金（这涉及后面会讨论的货币价格分辨率问题），这使货币交易中双方至少有一方是可细分的，因此也有效解决了比例匹配的难题。后面章节在讨论货币时会谈到，这涉及的是货币的价值分辨率的技术问题。

二、卖方

一般来说，在货币交易过程中，一方通过提供产品或服务，获得与提供的产品或服务相对应的货币，该行为即为“卖出”或“销售”、“出售”。相应的这一方即为卖方。例如，如果A用小麦不是从B那里去换取衣服，而是去换取货币，A就成为卖方。

三、买方

在采用货币为中介的交易时，一方使用货币去换取自己所需要的产品或服务，该行为即为“买入”或“购买”。相应的这一方即为买方。

一般商品或服务的买卖都是很容易理解的，因此并不需要做太多解释。比较难理解的是高阶货币交易中的买卖。

四、为何不用“供给”与“需求”的词语?

看了上面对买方与卖方的介绍，数理经济学家们很可能会觉得奇怪：这不就是对应于微观经济学中的需求与供给吗?那我们为什么要换个词语呢?

学术理论中如果是已经约定俗成的词语，如果不存在原则性问题，一般是不应该更换的。经济学中有很多约定俗成的词语，它们事实上都没有经过严格的科学论证和定义，导致其含义模糊不清。

例如金融领域的“杠杆”，它显然直接借用了物理学中的杠杆原理，但很显然最早采用这个词语的经济学家不是太懂物理学，因此并没深入研究杠杆的原理到底是什么。杠杆原理严格说是一种“转换式放大”，它是因杠杆的力矩（力与力臂的乘积）相等，通过一边力臂的增加，而可以用较小的力去在杠杆另一边产生同比例放大的力。但是，经济学中常说的金融杠杆只是想借用这个词语体现“放大”的过程，并没有对应杠杆原理中的等量约束下的转换关系。因此，这只能看作是不太严格的比喻，而不是严格科学的定义。

在科学中，放大远远不止是杠杆这类转换式放大，更多的是有外部资源（质能源）介入的“门控式放大”[①]。“金融杠杆”之所以能够实现，并不是自身能量的转换，而是必须有外部资源的补充，并且所产生的、所有放大了的资源都是来自于外部的社会资源。因此，它是一种典型的门控式放大，而绝对不是一种转换式的杠杆。如果不能深刻和准确地理解到这一点，就不能理解为什么过大和过多杠杆经济运行很可能耗空整个社会的经济资源，导致经济危机。如果借用自然科学原理的过程中

① 关于转换式放大与门控式放大，参见汪涛：《实验、测量与科学》，东方出版社，2017 年，第 190–194 页。

就是有偏差、不准确甚至是错误的，当然不可能真正科学和严格地理解经济学的原理。

经济学中这种不严格却约定俗成的词语大量存在，在本书中不同地方，我们会对它们进行全面系统地清理。但在此过程中，如果不是特别地必须，一般情况下我们还是尽最大可能保留已有的词语，只是对它们的含义重新做科学的定义。例如，尽管金融杠杆的表达不够准确，但我们还是保留了这个词语，只要读者能清晰理解到它是一种必须有外部资源注入的门控式放大，而不是杠杆的转换式放大即可。因此，对于只是有一些偏差，而没有原则问题，或就算是有少量原则问题，但还算可纠偏的概念，我们还是尽最大努力保留相应的词语。还有本章谈到的“货币锚”概念，我们也只是通过重新严格定义保留了已有的概念名称。

因此，换句话来说，“需求”与“供给”到底存在什么特别重大、完全不可接受的原则性问题，促使我们一定要在经济学中换掉这一套已经约定俗成的基本词语？原因如下：

第一，交易存在的根本原因是交易的双方都存在需求，都是对他人经济资源的需求者，同时又都是某种经济资源的提供者（供给者）。也就是说，供给者必须同时是需求者，需求者必须同时是供给者。而供给和需求这套词语却造成一个巨大的误解，认为生产者和需求者是可以分离的，供给者没有需求，需求者没有供给，这会带来认知的原则性混乱。经济学家们可能辩解说：理论分析就是要抽象，从现象中分离出最基本的抽象单元，将交易双方的需求和供给性质分离出来，为什么不可以？问题就在于，需求和供给在交易双方中的每一方都必须同时存在，这就是最基本的单元。如果交易中的任何一方自身不是同时存在供给和需求，交易就绝对不可能会产生，如果对其更进一步抽象，就必然会出现原则性的错误。

第二，交易双方出现性质差异只在货币交易方式中才存在，而在易货交易中是不存在差异的。这套词语没有充分体现交易双方存在性质差异是因为货币中介的存在。当然，将它作为经济学最基本的概念，等同于把易货交易过程排除在经济学研究对象之外，更不可能用来研究自我满足的过程，从而难以将两种交易方式以及自我满足都统一起来进行研究。如果没有自我满足和易货交易的存在，根本就不可能真正理解为什么会存在货币交易过程。“供给”和“需求”这套词语本身注定不能覆盖经济学的全部，怎么能有资格成为最基本的经济概念呢？

第三，这套词语认为一切供给的经济资源是稀缺的，经济学的根本任务就是研究稀缺的资源如何分配。这在根本上严重地违反当今绝大多数经济现实，它不能解释普遍存在的生产过剩情况。对供给者意愿的描述（供给定律）完全错误。它认为供给数量与价格成正比，但现实中绝大多数情况供给数量与价格成反比，例如梯度报价。供给者意愿体现在差价或利润上，而不是单纯的价格上。

第四，这套词语认为表达需求的基本性质是价格与数量的关系，并且需求定律是说需求数量与价格成反比。这与经济事实相差甚远，且不仅仅是吉芬商品概念能够概括描述的。例如，股票、房产越涨价买的人就越多，需求量越大；越降价买的人就越少，需求量越小。对很多个体来说，有大量产品是需求量为 1，根本就没有价格与数量的关系变化。

第五，最可笑的是，虽然这套概念被称为“微观经济学”的基本概念，但它认为交易价格是需求曲线与供给曲线相交的均衡点。需求曲线还有可能是某个体微观的，而供给曲线必然是全社会的宏观状况表达。任何一个微观上的交易过程当然会受到全社会供给状况的影响，但怎么可能每一个微观交易中的价格决定过程，都需要宏观上全社会的供给情况做基础才能决定呢？微观经济学根本就不是以单纯微观经济过程为研究对象的，它怎么可能是微观经济学？

供给和需求是数理经济学最基础的概念，很难理解的是它们错误的程度居然能严重到如此巨大的地步。我们最多只能说：以此为基础的经济学理论不能说绝对地与现实一点儿一致的地方都没有，但的确是绝大多数情况下与现实完全不同，甚至正好是相反的。正因为供给和需求这一套词语存在大量严重的原则性错误，因此，不换掉它们不足以准确和科学地研究经济学。

买方和卖方仅仅适用于货币交易过程，因此也就意味着我们并不认为它们是经济学研究对象的全部，而只是货币交易中才存在的。科学经济学的基本规律不仅适用于货币交易，而且适用于自我满足和易货交易。当然，在经济现实中某种特定产品的供给以及供给者是存在的，某种特定产品的需求和需求者也是存在的，但作为经济学基本概念的“供给”与“需求”，以及在此基础上的所谓供给曲线、需求曲线、供给弹性、需求弹性等必须彻底否定和抛弃，否则经济学就不可能得到任何可靠的结论。这一切概念全都是一些建立在想当然的数学游戏基础上的幻觉，没有现实的科学经济事实依据。

五、投资与金融行业中的货币交易

在投资与金融行业，因为产品或服务本身就是货币，这使买卖变得相对特殊。银行向一个企业提供贷款，表面看是银行拿出货币，向企业换得一个借贷的债务合约。这是否变成是银行作为买方向企业买入债务合约呢？是可以这么看待的。银行通过购买借贷债务合约，获得一个可获利的债务合约产品。但另一方面，银行的借贷服务又是银行自身的产品，他们将借贷产品卖出，从而可获得借贷利息收入，只是这个收入有一定的期限。而从企业角度看，可以说是用支付的利息，去向银行购买了一定量现金货币借贷产品在一定期限使用权力的服务。也可以说是发行债券，销售给了银行，获得一定量的现金。当然，这种“销售”或“卖出”与一般的卖出还是有差异的，因为获得的现金并不永远属于自己。这些现金有一定的使用期限。这样看来，双方都是买方，又都是卖方。

相比较而言，以股权方式的买卖与传统买卖的关系就比较一致。但也存在一定差异，因为卖出股权获得现金后，未来有可能要以分红方式给股权买方现金。此时红利现金的流向并不构成买卖关系，而是股权买卖关系的产品兑现过程。股权的买卖本质是以未来的货币去购买初期的货币。

第四节　货币交易中双方的满足

一、买方的满足

采用交易方式来满足需求，买方不仅获得产品本身的满足，而且包括以下多个方面的满足：

效能满足。它是以产品本身的效能为买方提供的满足。

营销满足。在购买（卖方营销）的过程中获得的满足，如购物环境、交易过程的舒适性等。

服务满足。它是在获得产品之后享受卖方提供的各类售后服务获得的满足。

二、卖方的满足

卖方满足的需求就是获得货币。因为货币的优越性，它的一切优点都会成为卖方获得货币的满足动力。

1. 消费需求

因为货币具有交换其他一切产品的能力，因此，获得了货币也就获得了其他一切产品、消费任何产品满足的潜力。不过，这只是对货币最基本的需求和满足，另外，这种潜在满足的实现需要其他未来的买卖过程来实现。

2. 财富需求

因为货币具有储藏财富的能力，因此，通过获得货币，也就可以无限地储藏积累财富。这事实上成为卖方最大的满足和需求。因为财富的积累，不仅可以去购买更多更好的，从而获得更多满足的消费品，或其他更多财富才能实现的满足，如慈善等，而且可以进行投资以获得更大的财富积累能力。

财富需求当然有其纯理性的理由，因为更多的财富既可以获得更多的产品消费能力，也可以获得更多的进一步获取财富的能力，但财富需求也有心理上的原因。这种心理的原始形态，可以从动物储藏食物的行为中找到。因为季节的变化，动物能够获得的食物数量会有很大的波动。为了应付这种波动，动物进化了各种策略，有的策略是在食物匮乏的冬季进入冬眠，不再需要食物，这是通过完全节制需求来适应。而有些动物是通过在食物丰富季节储藏食物，以备在冬季等食物匮乏时食用。例如松鼠、狐狸等就具有储藏食物的能力。人类在进化早期的狩猎采集时代，同样面临食物来源大幅波动的问题。人类并没有冬眠的能力，因此，储藏食物成为度过食物匮乏季节的主要手段。因此，虽然货币是满足财富需求的最佳实现方式，但直接储藏物品是其心理层面更原始的表现形态。尤其女性往往有储藏物品的原始冲动，而有很多物品甚至可能极少有机会用到。这是因为在农业社会之前的漫长狩猎时代，男人外出狩猎，而女性则承担在原始人穴居的山洞附近采集食物和用品，以及将男人在外狩猎的食物储藏在居住地。这些都是食物匮乏时代可以救命的最原始“财富”。

第四章
货币

本章从所有货币技术指标角度提供了理解货币的全新视角，从而真正阐明了货币的本质，以及为什么会有历史上的各种发展和变化。

第一节　货币的定义和货币形态的技术评价指标

一、货币的基本定义

货币是作为交易中介一般等价物而出现，本质上它是具有信用的价值信息载体和价值计量单位。从交易角度来说，货币具有四个最基本的特性：通用性、信用、价值计量单位、价值载体（货币形态）。

1. 通用性

货币应当可用于与任何产品进行交易。直到今天，纸币形式的货币通用性只是相对的，一般只在一个国家内通用。欧洲通过协议出现了欧元，实现了跨国的纸币统一，这是人类历史上第一次建立了跨国的通用纸币。如果未来能够实现更多的跨国通用纸币，甚至全球统一电子货币，将会实现更高、以至最高的通用性。不过，最初的商品货币形态、尤其黄金和白银货币等却天然具有全球通用性。

2. 信用

货币必须是有信用的，否则其价值就不被人们所接受和认可。信用，意味着该价值不仅在所有人那里被共同认可，并且可以具有储藏性，即经历时间上的延续后其价值依然被保持。这里暂时先不讨论通货膨胀等引起的货币贬值问题。

3. 价值计量单位

通过货币，将一切交易中的产品交易比例换算成相同的计量单位，以最大程度简化交易数量的计算。

4. 价值载体

货币的信用和计量单位的功能需要有一个载体来体现，以便通过它用来实现货币交易、价值储藏等所有货币的功能。也就是货币必须要以一定的物质形态出现。货币的信用和价值计量单位本质上都是信息属性，因此，货币可以用多种不同的物质形态来承载。要理解货币的真正信息本质，必须去掉它的物质承载形式或货币形态才能实现。当我们谈到货币时，如果不加特别说明，往往是指货币形态。如金属货币、纸币等，这些都是不同的货币形态，或货币物质承载形式。

二、评估货币形态的技术指标

1. 货币技术功能性的评价

因为货币的物质承载形式不同，货币形态在历史上经历不断的发展。要理解货币形态为什么会不断发展，以及未来会向什么方向发展，只有通过货币形态（为简述起见，后面如不加特别说明，用“货币”直接代替“货币形态”的说法）的技术评估指标来实现。理论上说，一切人们普遍接受的商品都有可能作为货币，但货币的技术指标是有优劣差别的。以前人们只是去研究历史上有哪些东西曾当作货币来使用，其实我们更应该比较一下为什么其他商品没有作为货币使用，这是理解货币本质更有效的途径之一。货币有这样一些评估指标：携带及储藏方便性、价值储藏时间、支付及转移方便性、成本、价格统一性、货币计量单位统一性、货币形态统一性、信用、价格分辨力、货币的阶等。

2. 携带及储藏方便性

无论是用于支付，还是用于储藏，都需要携带搬移货币。如果是用棉花作货币，体积太大，携带很困难，保存也很困难。用石头作货币实在太重，搬不动。因此，需要用携带容易，体积小，单位重量代表价格相对更多的商品作为货币。

3. 价值储藏时间

货币能保存的时间当然越长越好，最好是可永远保存。因此，海鲜难以作货币，蔬菜也不能作货币。因为能保存的时间实在太短了。

4. 支付及转移方便性

房子储藏时间长，价格稳定甚至升值，但没法转移，所以难以作货币。

5. 成本

货币本身也是要消耗成本的。因为人们是要货币承担货币的职能，因此其自身成本越低越好。

6. 货币计量单位一致性

用啤酒作货币不仅是储藏时间很有限，而且不同啤酒品质是有差别的，其单位重量的价格不同。这样在作货币时就比较麻烦。这样的一般等价物本身价格就不确定，那就很难确定一升啤酒可以换多少面包。

7. 货币形态统一性

黄金是全球通用的，但纸币受主权国家货币发行权的影响而不统一。电子货币时代甚至出现一些主权货币之外的新形式。货币形态越统一，当然就越方便，不需要多种不同货币之间再进行换算。现在不同国家有不同的货币，这就存在货币换算的问题，也就是汇率问题。不仅不同货币价格使交易中相同产品出现不同货币计量单位的价格，而且货币兑换本身也是成本。

8. 信用

直接用价格又高又稳定的商品作货币信用最好，但成本也高。成本越低的货币形态，要获得同等信用又存在相应的困难。因此，如何建立货币的信用，是一个很重要和复杂的问题。现在的纸币都是用央行的信用作背书，在这后面不仅仅是国家的信用做支撑，而且需要大量防伪技术做保障。

9. 价格分辨力

如果用活牛作货币，一头活牛可以换 3 件高档衣服。如果你只要买一件衣服的话，只能用 1/3 头牛。但要保持牛是活的话，又不能把它切成 3 份。这就会涉及货币的分辨力问题。纸币最小单位是 1 分。如果你要买 0.5 分的商品，那就得用低于纸币的价格分辨能力，这一般无法采用纸币来实现，只能采用电子货币才能完成。

10. 货币的阶

货币最初是充当交易的一般等价物而出现的，但当货币出现之后，货币本身又具有了效能，以及相应的需求。因此，在原始交易货币的基础上，不断自我循环衍生出更高阶的货币。它包括交易货币、货币储藏、资本化、金融化、证券化、泡沫化和高阶泡沫化等七个不同阶的货币本质。货币的阶越高，就越显得“虚”，因为它越是依赖于货币更多层级的自我循环。

第二节　货币形态的演变

一、商品货币与信息货币

由于货币技术指标的不断改进，货币形态不断演变和进化。从其历史发展来说经历了五个大的阶段：原始商品货币、金属货币、金银货币、纸币、电子货币。前三个形态都属于“商品货币”形态，后两个形态属于“信息货币”形态。后者经济学界也常称为“信用货币”。其实，商品货币阶段的金银同样是有信用的，只不过是其信用主要由货币本身的价值来确立（也需要配合一定的国家法律管理）。而在信息货币阶段，货币的信用主要靠很完备的国家法律等人为设计的机制来保证（也会配合一定的金银等本身有价值的实物储备来支撑）。商品货币阶段，它的本质同样是体现货币的信息功能。只是在信息货币阶段，信息特征表现得更充分和完全。因此，这两个概念都可以使用。随着电子货币的逐渐发展和普及，人们可能会更加倾向于采用信息货币这个词语。并且，信用在一定程度上说也是一种信息。因此虽然我们接受信用货币这个词语，但作者本人更倾向于采用信息货币这个词语。还有另外一个有一定流行却并未完全约定成俗的词语叫“虚拟货币”，我们不建议采用这个词语，因为它不知所指，甚至有些否定的含义却又不知道要否定的是什么。

在货币的历史发展变化过程中，并不一定是货币的每一个技术都同步地改善。因此会看到在这个过程中某些技术指标提升，但另一些指标可能会有下降，因此不同技术指标可能会出现反复。

- 货币形态
  - 商品货币
    - 原始商品货币
    - 金属货币
    - 金银货币
  - 信息货币
    - 纸币
    - 电子货币

图 3.1　货币形态及其发展

二、原始商品货币

从理论上说，**一切可被人们普遍接受的商品都可作为货币使用**。因此，历史发展的早期，承担货币职能的商品种类的确很多：贝壳、小麦、啤酒……都曾承担过货币的功能。商品货币阶段的某些货币在今天看来是完全不适合作货币的，如小麦和啤酒。这些商品的保存期限是相当有限的，最长只有几年。这表明了货币的价值储藏能力只要长到一定程度，人们对该能力的削弱就会减少或失去明显的感觉认知。其实今天的纸币同样因为持续的通货膨胀而不是永久保存的，它一直持续地在“腐烂”，人们对此虽有感觉，但并未因此而不接受它。根据感觉生理学的韦伯定律，人类的感官对变化的感觉阈限大约在2%，也就是2%以内的变化人类的感官无法察觉。对于货币的价值储藏能力，只要币值每年贬值不超一定限度，人类往往也是没有感知的。这是为什么通货膨胀在1%～3%的幅度时，社会普遍不会有反应的原因所在。但如果通货膨胀的幅度再增加，人们就会有越来越明显的感知。

三、金属货币

在铜器和铁器出现后，因为这些金属应用面广，可长期存储，单位重量价格较高，体积小等原因，就从很多种商品货币中脱颖而出，广泛用作货币。

四、金银货币

根据评估货币的技术指标可以很容易看出，黄金和白银是各类金属中相对最适合作货币的，尤其是在纸币出现之前的历史时期。因此，最后世界各地都不约而同地将黄金和白银用作商品货币的最后和最高级形态。尤其是黄金，不会氧化腐蚀，几乎可永久储藏，体积小，单位重量价格很高。当然，现在还有比黄金单位重量价格更高的金属或物质，例如钻石，其单位重量价格可以远高于黄金，但不同钻石价格差距非常大，因此价格统一性非常不好。另外还有很多稀有金属如铼的价格也比黄金更高，但在之前，这些物质都还没被人们发现。黄金是一种纯粹的金属材料，很早就被人类发现和提炼。在杂质含量相同情况下，其价格基本就是一样的。因此，并不是某一方面技术指标更高就更适合作货币。黄金在作为货币的各个指标上都相当好，甚至在信用等指标上直到目前也属于最好之列。但也不是说它每一个指标都是最佳。例如其成本就不便宜，携带和支付的方便性显然远不如纸币和电子货币。

在讨论金银货币时，人们常常会提起马克思的一句名言：货币天然不是黄金，黄金天然是货币。马克思为什么要这么说常常成为一个课堂讨论题。其实，只要理解了评价货币的所有技术指标，这个问题就很容易理解了。并且也可以说，货币天然不是电子信息，但电子信息天然就是方便性、成本、分辨力等技术指标全面优越的货币形态。

五、纸币与货币的信息化

在黄金货币及其之前，货币一直是按一个套路发展的，其实都属于商品货币。商品货币的特点是货币代表的价格量值与其本身的成本或价格相同。但在黄金货币之后，就向非商品货币方向发展了，开始了符号化、信息化的过程。这是一个非常大的跳跃，这个过程中间经历了两个阶段：一个是金属铸币，另一个是银行券。金属铸币的面值可以与其本身价值相等，但因铸币者对铸币税的追求，而时常出现货币面值与其自身价值的偏离。例如可以用 0.5 个英镑的黄金制作的金币代表 1 个英镑，这样就可以使货币单位重量所代表的价格进一步提升，货币的成本更低。

银行券或交子是以储存在票号（相当于银行）的黄金或白银为基础，开具的纸质证明。这样就不需要直接拿黄金或白银货币，却能够实现货币的转移或支付。这种方法进一步发展就成了纸币。纸币的材料是纸，显然它的成本远低于黄金或白银，这是它的极大优点，但同时也伴随了保持信用度的困难，以及价值储藏能力上的下降。纸本身不仅有使用年限，用久了会磨烂，必须要回收销毁，存放不当也会腐烂。我们偶尔会看到一些人把钱埋起来或存在家里隐秘的地方，过了很长时间后纸币腐烂的新闻。另一方面更普遍的问题是通货膨胀使纸币本身代表的实际价格持续“变质”。每年 3% 以下的通货膨胀率已经被认为相当不错，这相当于你存放的100元钱，即使完全不动用，纸币看起来还是崭新的，但1年后就腐烂掉3%，变成实际只剩1年前97元的购买力了。如果通货膨胀率达到10%，意味着这个腐烂剩下的购买力数值是90元。

但是，纸币的出现使货币的本质进一步变得更清晰。商品并不是货币的本质，货币的本质只是一个价格的信息符号而已。既然如此，为什么不把这个符号变得更为彻底？原来作为货币的商品，其“本身具有与币值相等的价值”，其意义只是要以这个价值来支撑货币的信用。只要通过其他技术手段解决了信用的问题，货币就可以彻底符号化或信息化。

六、电子货币

毫无疑问，理论上可以获得最大铸币税的货币形态就是电子货币，因为理论上它的成本可以接近于零。

电子货币是最充分体现货币信息化本质的形式，它在各种指标上都可以达到最理想的状态。甚至连纸币存放久了会腐烂的问题都没了，当然，不能把保存电子货币的盘或密码毁掉或丢掉。

电子货币尤其在储藏、携带、支付方便性、成本、价格分辨力等技术指标上都达到近乎完全理想的境界。但在货币计量单位一致性、货币形态统一性方面很容易存在混乱，尤其信用上其问题或困难最大。另一方面，这些都是电子货币可以很容易解决的问题，难点并不在电子货币本身，而是与货币相关的制度。

随着全球各国对比特币监管的加强，比特币价格像过山车一样瞬间暴涨暴跌。很多人在争论比特币算不算货币，这是完全不理解货币本质的表现。我们在本章一开始就清楚阐明了，一切只要被人们普遍接受作为交易价值中介的东西，全都可以成为货币或准货币。因此讨论某种对象是不是货币是完全不对的，只能讨论它是否适合作为货币，或国家是否承认它为法定货币。是否适合作货币可以采用前面所说的各项技术指标来进行验证，而国家是否承认这个不用讨论，只要看事实就行了。承认了就是合法的，不承认就是不合法。另一个更重要的问题是：发行货币时的铸币税谁拿走了？拿得是否合理？比特币的一个理念是：纸币由各国央行发行，导致了通货膨胀和货币贬值。因此它开发了用算法决定的挖矿机制和最高发行量约束。但是，货币的发行需要与经济发展相匹配，必须要随着经济的发展而同步增加货币发行量，这只是一个数量上如何更好匹配的问题。比特币的货币发行与经济发展完全无关，这肯定是一个致命的问题。其价格暴涨暴跌，也失去了价值计量单位的基本稳定性。但它也说明了另一个问题，在网络时代，电子符号作为全球通用的价值中介在技术上是极为简单的事情，这个无法回避。

第三节 铸币税的起源及发展阶段

一、铸币过程存在的差价

货币的演化本身就是差价交换原理的体现。差价交换原理是一切经济运动的核心动力，存在差价，就存在经济活动的势能，并在这种势能驱动下产生各种经济运动。货币运动的差价是以铸币税的形式呈现，因此，铸币税是驱动货币形态演化从货币生产者一方来说的最核心驱动力。另一个动力是市场使用货币者一方对其技术指标改善的追求。令人惊奇的是，这两个驱动力在很多情况下方向居然是完全一致的。如果我们不理解这一点，而只是去看金融领域里原有的各种概念定义，会感到非常深涩难懂，而一旦我们明白了铸币税的本质不过是一切经济过程都相同的差价动力，所有概念就全都会一目了然。

一旦人们发现减少货币形态自身的成本或价值却依然可以被社会所接受，甚至更加喜爱，就出现了铸币税。所谓铸币税，就是货币面值与货币形态成本之间的差值。很显然，货币形态的成本越低，铸币税就越高。如果货币形态成本为零，铸币税就等于货币的面值。这是铸币税的理论最大值。

最初的金属货币阶段，如果只是将一定重量的金属块当作货币使用，货币的币值就等于金属货币的重量对应的价值。中国最早出现的黄金货币是楚国爰金，也叫郢爰。这种黄金货币有的铸印有文字，有的没有。在使用中，甚至可以因价格分辨力的不足而将其切割开[①]。在这个阶段，铸币税是极少甚至是没有的。为了使用货币的方便，将黄金或其他金属按照特定的币值铸成真正形式上的“币”。以黄金作材料铸币就成为金币。这种方式因为有特定的货币形式设计和生产过程，需要将加工成本加上去。因此，金币的币值与其材料之间就会有一个差价。这个差价可以从今天的饰金与黄金材料之间的差价得到理解。饰金会贵一些，因为要加上加工费。因此，虽然在金币的阶段人们可以自由地将黄金材料铸造成金币，也可以自由地将金币重新融化成黄金材料再铸造成金币，但如果不断地这么干显然是要吃亏的。因为铸币过程会有增值，将金币融化也会有成本，再铸造成金币就会有折价损失。

① 胡世平：《楚爰金的诞生和消亡的探讨》，《江苏钱币》，2007年第一期；秦佩珩：《爰金考释》，《中原文物》，1980年12月30日。

二、铸币生产增值阶段

“铸币税”这个词本身最初就是从铸币生产过程得来的。它的最原始形态也就是铸币生产过程中的增值，这个增值与一般产品生产过程中的增值基本没有区别。

三、铸币垄断生产增值阶段

既然铸造生产金币可以增值，使得面值超过黄金材料的成本，那为什么不把这个差价抬得更高一些，从而获得更多差价呢？但是，在自由铸币的条件下，如果这样做，就会吸引更多的生产者将黄金材料铸成金币，使得这种更多的增值一是被更多铸币者分享，二是竞争会导致差价减少。在这种情况下，如果由国家完全垄断金币铸造过程，就可以避免以上问题，从而使更多铸币过程中的差价真正开始成为一种脱离单纯产品生产增值的税收。铸币的垄断生产增值阶段，也就真正成为铸币税的开始。

铸币税之所以被市场所接受，从根本上说在于市场上使用货币仅仅是用到它的价值中介等货币信息的作用。铸造的金属货币，其币值设计更为合理，携带和使用都更为方便。因此，看起来似乎有点矛盾：尽管铸币其本身的成本或价值更低了，但它作为货币的技术功能却更为有效。

四、特殊的负铸币税情况

我们一般考虑的只是货币的面值高于货币形态本身的价值情况，但货币发展史上的确还有另一种很特殊的情况，就是货币面值低于货币形态本身价值。现代发行的金币，其面值只是其材料黄金的价值。但除了金币加工的增值之外，还因为金币的收藏价值会在此基础上有极大的增幅，往往其市场价值会高于、甚至远高于其面值。这样的货币在市场上当然不会真当成货币按其面值流通的。中国从 1982 年开始发行熊猫金币，这一年的熊猫金币没有面值，其后每年发行的熊猫金币都有面值。但都是象征性的面值，它甚至远远低于其材料的价值。虽然它们都是合法的货币，但事实上人们都不会真拿去当货币使用。甚至单纯从货币的技术角度来看，其很多货币功能是很差的。例如熊猫金制金币大的一枚是由 1 千克重的 99.9% 成色黄金制作的，面值为 1 万元人民币，这种 1 千克重的货币携带起来实在是太费事了。而它的市场价值仅 1 千克黄金材料就得大约 30 万元人民币。央行当然不会以负铸币税的价格将这种货币推向市场，事实上是按收藏品来出售的。南非 1970 年开始发行的福格林金币，加拿大 1979 年开始发行的枫叶金币，美国 1986 年开始发行的鹰洋金币，英国 1986 年开始发行的不列颠金币，澳大利亚 1987 年开始发行的鸿运金币，奥地利 1989 年开始发行的音乐金币，还有墨西哥的自由女神金币、新加坡的狮子金币等都是属于这种性质。

一些退出流通的稀有货币，因其文物和收藏价值的提升，也会导致这种情况。

还有一种流通中的货币出现负铸币税的情况，就是作为辅币的硬币，由于其面值很低，而采用的材料往往是镍、铜等金属材料。如果没有认真考虑和计算的话，有可能导致这些金属材料本身的价值高于其面值。也门等国家就出现过这种情况，并且给一些金融犯罪分子提供了空间，就是把市场上的金属辅币用纸币大量兑换，而后将辅币熔铸成金属材料再出售。因为负铸币税的存在而使得其这样做有利可图。这不仅会造成市场上的通货紧缩，而且导致拥有铸币权的国家财政产生铸币损失。

五、正确对待铸币税

由于铸币税的收益是如此吸引人，因此很容易使人们只看到其超额利益的一面，而看不到它可能产生的问题，甚至处理不好的话可能带来的灾难。铸币税并不仅仅是收益，它也是有成本的。尤其现代法定货币的发行往往是通过发国债等方式来实现。但国债是有利息的，这构成了主要的成本。例如，如果发行 1 万亿美元的国债，每年国债利息为 3%。这样，如果只是按一年的利息来计算，1 万亿美元减去 3% 的利息 300 亿美元，表面上是获得了9700亿美元的巨额净铸币税。但是，只要国债没有还每年都必须要付出3%左右的利息。10年以后，总利息就是3000亿美元，20年后6000亿美元，30年后就是9000亿美元，已经开始接近铸币税的收益了。如果国债归还了，就会退出货币发行，变成同等量的负铸币税。当然，如果一开始获得的1万亿美元的铸币税可以进行适当的使用，使其发挥较好的经济效益，在持续的投资过程中使全社会获得的收益大于每年300亿美元，这个铸币税最后的净收益就是正向的。但如果误以为铸币税只是单纯的收益，而被错误的战略决策不适当地浪费掉，当背负的债务越来越多以后，最终获取铸币税的全过程会成为巨大的亏损。

2018年3月17日，美国政府宣布国债首次超过21万亿美元，这意味着两个方面的含义。一方面是美国政府曾经通过国债的发行获得过21万亿美元的铸币税，但另一方面，每年为这些国债支付的利息，2017年已经达到约4585亿美元（历史积累的国债利率是高度变化的），而美国2017年GDP按美元现价计算的增量是7661亿美元。

表 3.1 美国历年（1988～2017）为国债支付的利息（美元）

Available Historical Data Fiscal Year End	
2017	$458，542，287，311.80
2016	$432，649，652，901.12
2015	$402，435，356，075.49
2014	$430，812，121，372.05
2013	$415，688，781，248.40
2012	$359，796，008，919.49
2011	$454，393，280，417.03
2010	$413，954，825，362.17
2009	$383，071，060，815.42
2008	$451，154，049，950.63
2007	$429，977，998，108.20
2006	$405，872，109，315.83
2005	$352，350，252，507.90
2004	$321，566，323，971.29
2003	$318，148，529，151.51
2002	$332，536，958，599.42
2001	$359，507，635，242.41
2000	$361，997，734，302.36
1999	$353，511，471，722.87
1998	$363，823，722，920.26
1997	$355，795，834，214.66
1996	$343，955，076，695.15

续表

Available Historical Data Fiscal Year End	
1995	$332，413，555，030.62
1994	$296，277，764，246.26
1993	$292，502，219，484.25
1992	$292，361，073，070.74
1991	$286，021，921，181.04
1990	$264，852，544，615.90
1989	$240，863，231，535.71
1988	$214，145，028，847.73

数据来源：https：//www.treasurydirect.gov/govt/reports/ir/ir_expense.htm.

2018年2月美国总统特朗普批准的2018年4.4万亿美元的政府预算中预计，到2028年左右美国政府净债务会达到30万亿美元。如果这样，到时仅每年的国债利息支出就会达到7000亿美元左右，基本将每年GDP的净增量全吃掉。如果一个国家过度地依赖铸币税生存，最终其财政一定会陷入破产的境地。

货币发行也可以直接印纸币，对应的铸币税成本仅仅是生产纸币的成本。这个成本不仅是一次性的，而且大小几乎可以忽略不计。但这个途径也不是没有约束，如果货币发行总量超过经济规模增长量，会导致通货膨胀。过大的通货膨胀所带来的问题我们将在其他章节讨论。

因此，对铸币税的盈亏计算，一定要从整个货币发行全过程来系统地考虑，而不仅仅是一时的收益。

第四节　货币信用支撑体系及货币锚

一、各种货币本位或货币锚

既然人们在市场上使用货币仅仅是用到它的价值中介功能，因此它本质上就是一种符号和信息。这样，信息技术的进步也就为货币形态的演进提供了基础。纸是信息技术演进历史上一个伟大的跨越，采用纸来做货币也就是迟早的事情。纸本身的成本极低，它当然不能像黄金那样直接当作货币来使用。这就需要让纸先具有货币的信用，才能真正成为纸币。信用本质上来说也就是市场上所有交易者心目中的信心。如何做到让交易者认可纸具有货币的信用呢？最简单直接的办法，就是让它与已经普遍接受的、有信用的货币挂钩，使它成为后者的替代品。这种机制就形成各种货币本位制。

二、金本位与银本位

既然黄金是最好的商品货币，金本位也就是很自然的事情。金本位有三种实现形式：金币本位，金块本位，金汇兑本位。

金币本位就是将纸币与金币挂钩。

金块本位就是将纸币与金块或金砖、金条等挂钩。金币本位是最初的金本位形态，它为什么会发展成金块本位呢？因为一旦货币开始从金银货币向信息货币发展，金银货币就开始逐步退出流通领域。虽然黄金还是具有货币的地位，但既然只是放在银行里当纸币的锚，那么金币适于流通的技术特性就没意义了。不仅如此，金币比较零碎，存放还得用箱子（总不能像电影里的海盗在山洞里藏宝一样堆得像一堆石子），清点起来更麻烦，生产成本还更高。与其如此，还不如做成大块的金砖。这样直接堆起来就可以整齐地存放，清点也容易。此时就算是作为结算（如弥补国际贸易差额），也是大宗的金砖转移，不怎么需要零碎的辅币。因此，尽管此时还是金本位，但作为黄金货币的形态就从金币逐步变成金砖了。

金汇兑本位就是纸币并不直接与黄金货币挂钩，而是与另外一个国家的金币本位或金砖本位的纸币挂钩。显然，这种模式只是在一些没有完全主权的殖民地国家才会出现。

当然，理论上说除了与黄金挂钩以外，也可以与银挂钩形成银本位制。

三、纸币本位与准货币

通过各种货币本位制，其根本目的就是要为纸币建立一个信用，也就是纸币的“锚”。当纸币逐渐地为市场所接受后，以纸币（更准确地说是法币）为基础又可以“锚定”其他的货币或准货币形态。例如：

央行发行的国债

商业银行各种可替代现金的支票、商业票据

银行卡

信用卡

纸黄金

企业发行的债券

股票

储值卡

充值卡

各类预付费卡

商场的购物卡

食堂的饭票、饭卡

互联网公司的各种点卡

支付宝账户

微信钱包账户

电子商务公司的各种“白条”

网站的充值账户

……

这些都可称为“纸币本位”的准货币甚至就是法定货币。但是上面所列的绝大多数现在人们都没意识到它们具有一定程度上的货币性质。发明这些工具的银行或企业，就是在追求铸币税动力驱使下运作这些货币或准货币的。以纸币本位形成的电子货币初始形态，类似最初用银行券代替黄金。例如，存在银行的纸币就相当于过去存在票号的黄金，而用银行卡直接在POS机上代替现金进行支付，就相当于用代替黄金的银行券进行支付。因为一般只有央行才有资格合法地发行法定货币，因此，不具有货币发行权的纸币本位形成的主要是准货币形态。区别就是它们的流通等会受到高度限制，例如食堂的饭票只能在特定企业或单位的食堂里使用。之所以会形成纸币本位的准货币，事实上就是这些企业努力地在通过一些准货币的形式去变相地享受铸币税的好处。

具有国际货币地位的货币，拥有相对高的信用度。这些货币也可以变相地成为其他国家法定货币发行的基础。这与金汇兑本位制不同，它可以在拥有完全主权地位的国家实现。中国在相当长的时期内，由于国际收支顺差的大幅度增长，以及强制结汇，导致了中国央行以美元为基础发行人民币。这是一种事实上的美元纸币本位机制。

第五节　非货币的本位制

一、一篮子货币形成的锚

金本位、银本位和纸币本位等都是以货币为锚。既然本位制的目的只是要获得信用，那么只要能获得这种信用，未必一定得用某一种货币来做锚。最简单的一种演化是不去锚定一种货币，而是锚定一篮子在国际上信用度较高的货币。这就是布雷顿森林体系解体之后的牙买加体系。国际货币基金组织（IMF）于1972年7月成立了一个专门委员会“国际货币制度临时委员会”。该委员会于1974年6月提出一份“国际货币体系改革纲要”，对黄金、汇率、储备资产、国际收支调节等问题提出了一些原则性的建议，为以后的新货币体系建立奠定了基础。至1976年1月，“国际货币制度临时委员会”在牙买加首都金斯敦举行会议，签定了“牙买加协议”。同年4月，IMF理事会通过了《IMF协定第二修正案》，由此形成了新的国际货币体系。它的主要内容就是使黄金非货币化，并且以世界上主要经济强国的货币为基础形成“一篮子货币”作为国际货币信用和稳定的基石。

因此，理论上只要有足够信用度的一篮子国际储备货币，就可以以此为基础去增发货币。应该说，以“一篮子货币”作为货币的锚还是一种货币本位，但它与一般的货币本位已经有相当大的差异。

二、物资本位

一个国家的经济、军事、政治、法治完善程度等实力，都可以成为信用的保证。在1949年前，中国共产党所领导的中国局部地区（苏区、解放区等）发行自己的货币。当时没有足够的金银，无法采用金银本位，因此采用了“物资本位”，也就是发行的货币与各种实物产品挂钩。虽然表面上看维持其信用远比以金银和外币本位更困难，但这些区域发行的货币却非常稳定，极少通货膨胀。其背后不仅是实物对币值的信用保障，而且也是以共产党极其强大的政治和动员能力作信用支撑。

抗日战争期间，中国共产党领导的各大根据地都建立了各自的“中央银行”，发行自己区域的货币。在这个时期，陕甘宁边区发行了“陕甘宁边区银行券”；晋绥边区发行了“西北农民银行券”；晋冀鲁豫边区发行“冀南银行券”；晋察冀边区发行“晋察冀边区银行券”；山东区发行“北海银行券”；华中区发行“华中银行券”等。这些纸币在解放战争时期继续流通。1946年后，在新解放区也新增了一些区域货币，如中原解放区的“中州农民银行券”等。各个解放区的纸币之间可以通过固定比率进行兑换。解放区和根据地的纸币发行采用严格的“物资本位制度”。即纸币的发行必须要以根据地内的实物做基础。根据地内的粮食、棉花、盐、纸张、布匹、烟草等产品都作为货币发行准备金，黄金、外汇辅之。货币发行数量严格与拥有的实际物资挂钩，有效控制通货膨胀，从而在区域内驱逐其他货币，严格控制贵金属的买卖，对于国统区发行的法币和金银由边区政府统一收兑，确立了区域纸币的主导地位。

布雷顿森林体系解体以后，世界货币体系并不是完全由牙买加体系的一篮子货币所决定。一方面美元依然具有最强的国际储备货币地位，即使是在IMF中，美元也拥有决定性的一票否决地位。另一方面，美元也转向以石油这样的大宗货物为基础，事实上就是一定意义上的石油本位，或以石油为锚。

三、从通货膨胀角度来看社会财富本位是最佳的货币锚

因为货币合理的数量是需要与社会上产品或财富总价值成比例的。否则就会引起通货膨胀和通货紧缩。因此，从宏观经

济的客观角度看，货币最合理的锚其实就是物资本位更进一步发展的“社会财富本位”。这本来是极其简单的道理，但却与原来经济学界的看法差异甚远。因为过去黄金作为货币的历史非常长久，因此社会大众和市场对黄金作为货币的心理依赖最为深重。尽管货币的信用直接依赖的是社会心理，但它并不是一个纯主观的东西，而同样有非常客观的一面——除了货币技术上的内容外（防伪技术等），就是社会财富总量。后面我们将谈到为什么黄金作为货币锚具有最佳的心理作用，但却并不是最佳的货币信用客观基础的原因所在。

四、科学的货币锚概念

如果仅仅看已有的经济学概念：货币的“本位”或“锚”，人们是无法清晰地理解为什么会有这些东西。如果从另一方面来看，只要理解了为什么黄金和白银作货币时不存在“锚”或“本位”的问题，也就理解了各种纸币和电子货币为什么需要它们。只要货币的币值与其货币形态之间存在差值，就必然需要相应的信用体系来支撑其币值。具体形式是可以多种多样的，信用支撑形式不同，就体现为不同的本位或锚，也有称为“挂钩”。如果信用支撑体系本身就是单一的某种货币，就称为“本位”，如果不是单一货币，往往就称为“锚”。其实，只要知道这个本质就可明白：为什么有时人们也会把以某种货币、尤其是信用度较高的外币作为本位也称为“锚”。

“本位”“锚”“挂钩”……这些都是形象化的概念，并不是经过严格科学抽象，从而能代表其本质的。能够代表其本质的就是“存在铸币税的货币信用支撑体系”。为了简化表述，我们将货币的信用支撑体系统称为“货币锚”。如果不存在铸币税，就不需要货币锚。铸币税越高，需要的货币锚就得越强大。

第六节 货币锚的链长与放大

一、锚的链长与强度

货币与其信用支撑之间是一种锚定的关系，我们将这种关系称为“锚链”。两者之间关系的远近，就称为货币锚链的“链长”。货币锚链关系的紧密程度，称为货币锚链的强度。

以这些为基础，可以来分析货币锚链的不同链长与强度情况下的不同表现。货币锚之所以有链长与强度的变化，其原因就在于：在获得更大铸币税动力的驱动下，货币锚总是要向更长的链长和更弱的强度方向发展。而从货币锚的信用支撑角度说，是锚链越短，锚链强度越强，信用支撑作用就越好。这两者之间的矛盾，就构成了货币发展史上的大量跌宕起伏——从金融危机到监管治理的发展变化。总体上来说，货币锚越来越脱离技术性的支撑，而不断转向依靠法律、监管、治理等手段，以及防伪的技术手段来支撑其信用。

二、货币锚的本质

我们必须充分理解一个看似很矛盾的事实：货币锚的出现本身，就是为了用技术更好、铸币税空间更大的新货币形态替代原来的锚货币，并最终脱离它。金本位的出现，就是为了用纸币来替代——也就是最终脱离黄金。黄金作为货币锚，也就是为了在自己作为货币的历史地位退出过程中，对纸币“扶上马，再送一程”。正如我们前面所说，货币从量上看，客观的最佳锚是社会财富总量，而储备的黄金无论有多少，都只能是社会财富里几乎可以忽略不计的极微量的一部分。例如，世界上最大的黄金储备国美国的储备量长期维持在大约 8100 吨的水平，就算以市场上饰金的零售价格 300 元人民币 / 克，美元与人民币汇率为 6.3 来计算，这个黄金储备的总财富量为 8100 × 1000 × 1000 × 300/6.3=3857 亿美元。这个财富数量占每年美国 GDP 的比例为 1.97%。需要注意的是，GDP 是每年新增财富的概念，如果以瑞士信贷银行 2015 年 10 月 13 日（当地时间）发布的《2015 全球财富报告》，美国以 85.9 万亿美元财富总值居世界首位。美国黄金储备占其财富总值的比例仅为 4.5‰。

如果把这些黄金只是存放在金库里，事实上只是一种死的财富。因此，过多的黄金储备并无必要。这也是为什么各国要将黄金制作成纪念和收藏用的金币出售的原因所在，这是将黄金作为一种财富真正盘活，而不是仅仅作为一种原材料存放在金库里睡大觉。

因此，黄金储存在发行货币的央行金库里，更大的作用其实只是一个“心理安慰”，对真正提升货币客观上的信用能力作用几乎可以忽略不计。而且这种信用建立的成本也是非常高的。美国在第二次世界大战后刚建立布雷顿森林体系时，拥有远远超过其他国家的黄金储备，但并没有维持这个体系太长时间，被其他国家稍加挤兑，很快就破产了。

三、完全锚

完全锚有以下特征：

1. 货币数量与锚的数量完全相等。例如，用银票(银行券)取代存储于票号（相当于银行）的黄金，但银行券的数量或币值与存储的黄金数量完全相等。

2. 货币与锚可完全自由兑换。使用货币可完全自由地兑换锚货币（黄金等）。

3. 锚与货币同步转移。用支付宝、微信钱包等进行支付时，作为其锚的银行账户里的钱同步发生转账操作。采用储值卡进行特定的消费时，同步扣减相应的储值。

大量企业发行的预付费卡、购物卡等准货币，当用它们购买产品被扣减时，也会产生与发行货币相反的货币消失或称“货币回笼”，虽然后面这个词语往往是央行才有资格使用的。

四、完全锚的铸币税

完全锚的铸币税等于未兑付的货币量与发行期间的使用收益。之所以是这个数量，原因在于：虽然理论上说，货币必须要最终兑换成锚时才是实际拿到了锚，但只要市场上因为锚的存在而对这个信息货币有信心，就可以永远在兑换的动态中保持一个与锚数量相等的货币量。这就等同于这个货币数量永远留在货币发行者手上了。当然，我们假设最终所有发行的货币全部兑付变成了锚货币，那么在发行期间的货币使用也会产生各种收益和好处。例如用它进行投资获得的收益，或者因为作为流动资金而节省的银行贷款利息等。因此，总的铸币税相当于这两个部分收益之和。用公式表示就是：

铸币税 = 留存在市场上未回笼货币量 + 发行货币期间对这些货币使用的净收益 – 货币发行成本

五、限制锚与放大

限制锚与完全锚相比突出的特征是：

1. 货币与锚之间不能自由兑换。

2. 限制锚货币的数量或币值可以与锚相等，但更多情况是可以存在放大。事实上，之所以要对锚进行限制，主要目的就是获得放大能力，从而获得比完全锚大得多的铸币税。如果货币与锚是完全自由兑换，对货币的使用以获得铸币税就受到极大限制。因为考虑到极端情况，所有完全锚的货币持有者都来兑换时，必须有与货币数量相等的锚存在，否则就会在锚兑换光了以后还有持币者换不到锚。另外，如果可以自由兑换锚，那么在换到锚更划算或更安全的情况下，市场上所有持币者就全都会来进行兑换。因此，完全锚很难进行放大以获取更大铸币税的操作。但如果限制了自由兑换，市场上留存的货币量就会越来越大，并且可以采取放大操作，也就是货币的数量可以大于锚的数量。很显然，如果有1亿的锚，进行了限制并做放大操作后发行10亿的货币，那么，所获得的铸币税就是10亿而不是只有1亿了。

因此我们会看到：随着货币体系的发展，锚链会越来越长，对货币与锚之间联系或挂钩的限制会越来越多，锚链的强度也会越来越弱，货币相对于其锚的放大倍数越来越高，只有这样才能获得更大的铸币税。

我们可以用假设的某个电子商务平台开发的“白条”工具来说明完全锚与限制锚之间的区别是如何产生各种差异的。最初，该电商平台的白条必须是用现金购买转到白条账户，白条和银行的现金账户之间是可以完全自由兑换的，因此该白条就是以法币为锚的完全锚。但是，后来根据用户资信状况可以对该用户授予一定的信用额度，该用户就可以拿着这个白条额度去进行交易，这就相当于在发行货币。只不过这个货币发行的铸币税好处居然首先是白条用户先得到了。这样，白条在一定程度上就成为一种货币。

科学经济学原理 KEXUE JINGJIXUE YUANLI

第五章

交易、商业与市场

交易尤其货币交易是经济活动的核心，交易活动本身也是一种产品需求和满足，它就是商业。它在实现其服务的产品交易的同时，也实现了自己的交易。商业有实物产品与服务产品之分。电子商务的真正本质是有效实现了十个商业要素、七个商业角色的分离和它们的重新组合。

第一节　商业及市场的定义

交易是需要有过程和环境的，它本身也是一种服务产品和行业，这被称为商业。

交易的全部环境以及交易行为称为市场。

随着经济的发展，市场上进行交易的产品越来越丰富，它们包括了**实物产品**与**服务产品**。交易的过程或商业活动，就是作为产品提供者的卖方将其提供给买方的全过程。以交易的对象为标准，商业可分为**实物商业**和**服务商业**两大类。

市场可分解为以下几个方面进行分析：

1. 市场制度。它属于社会体制及制度方面的问题，本书不做重点介绍。

2. 市场基础设施。它包括交通、通信、支付结算等三个方面，分别对应物流、信息流、货币或资金流三个方面。

3. 商业。它以市场制度、市场基础设施为基础完成交易。

第二节　实物商业的十个要素

产品从工厂里生产出来，一直到交给最终客户，这是“狭义交易全流程”。如果加上产品从设计开始，到生产出来，以及客户使用产品中的全部服务，这是“广义交易全流程”。我们要讨论的实物商业并不包含前期的生产环节，而只是特指产品生产出来以后，到销售给客户的过程。实物商业本身也是一种服务业。与其他服务业相比，商业提供的产品或服务是完成实物产品的交易或交换。

实物商业包括十个要素：场设、信息、订单、体验、支付、执行、运输、仓储、商业再加工、信用。

场设。就是商场、集贸市场等所在的经营场所和设施，也包括仓储的地产空间设施。

信息。客户需要获得产品的信息才能进行交易的决策。过去是在商场看实物或看广告，现在可以通过网络远程查看信息。信息可以有“推”和“拉”两种方式，推是主动向客户推送信息；拉是客户主动去查寻信息。它们完成的都是信息被客户所接受。

订单。商场订单发生在收银台，与支付几乎同时完成。电商定单是网络成交软件系统。

体验。逛商场是一种体验，这一点电商并不能完全替代。我们暂且认为电商是没有体验的，因此电商是五个要素的结合形态问题。正因为如此，商业地产最后没被电商完全毁灭，经过电商的全面、看似毁灭性的攻击，商业地产认识到它唯一不可替代的东西是什么：就是体验。因此，现在商业地产全面转向有体验性的领域：电影、儿童娱乐、餐饮、咖啡店……

支付。过去直接在收银台支付，现在可以通过网络电子货币支付。

执行。如果只是购物的话，执行就是把货拿回去，相对简单。但是对于餐饮来说，执行可能是在桌台上就餐，这就需要占用餐桌。在餐馆里，餐桌占据了整个营业面积很大一部分。餐饮虽然在经济统计上往往归入服务业，但它事实上是以食物这种实物产品交易为主的，因此还是属于实物产品的商业。那些通过将菜品进行工业化生产成半成品放在商场里销售，客户拿回家经过极简单加工后即可食用，就更加显示了餐饮的实物性质。现在很多商场里也提供可直接食用的简单加工好的食物，事实上就是理解到餐饮业实物产品本质而提供的商业服务。有些较复杂的产品订单执行可能需要庞大的专业售后服务团队来实现，如各类工程等产品的执行。

运输。产品需要通过运输从生产企业最终交到客户手里。在商业环节，过去客户直接在商场拿了货自己拿回家，或由商场送货，现在增加了通过专业的物流系统送货。

仓储。无论商场还是餐馆等，都需要一定的仓库存放货物。仓储加上运输构成完整的物流系统。

商业再加工。商业本身并不包含前期的产品生产过程，但在商业的销售过程中，为销售的方便，可能需要对处于包装状态的产品进行再加工。这种商业再加工可能只是简单地拆箱，将货物上架，也可能是将产品在现场重新包装成容易销售的状态，例如做成小包装，或者是将为促销赠送的产品与销售的产品打包等。在餐馆里则需要更进一步对食物进行烹调的再加工。某些产品也可能只是以零配件方式包装送到商场，在商场进行最后安装成正式产品销售。

信用。过去商场本身和生产产品的厂家提供信用支持。现在电商平台也提供信用支持。

第三节　商业要素的分离与组合

传统商业的以上多个要素往往集中在一起。但现在在电子商务条件下必然发生分离。

从成本来说，场设占最大比例，传统商业占用场地最大的要素主要是产品实物和设施，订单、支付、信用、体验等要素占用的商业场地空间很小。

远程的支付并非只有通过电子货币才能进行，邮政汇款最初承担了远程支付的功能。当然，这种远程支付在技术上是相当糟糕的，如：

支付成本高。它不仅体现在汇款费用上，而且体现在需要到邮局所花的时间甚至交通工具的成本上。如果仅仅是远程支付 2 元人民币，很难想象通过邮政汇款是一个经济的选择。

支付的时间太长。邮政汇款从支付到提取需要的时间至少以天来计算。而电子货币几乎是实时完成。一旦开始了电子商务进程，关键的是建立了适应电子商务的网络支付、电商物流等支撑系统，更进一步的分离就是很自然的事了。信息、信用、交易、支付、运输和仓储可以由完全不同的主体来经营，共同完成整个电子商务过程。

未来不仅仅专业的电子商务平台可以是电商入口，一切网络信息平台都可以是电商入口。它可以是广告和产品选择直接合一的。最好的广告形式是客户看完广告后想买的话，直接通过广告就进入交易平台了。原来的广告目的只是让客户接受品牌和产品信息，不断强化客户的印象，然后去商场选择记住的广告指向的产品。但在网络上，广告更是极容易链接上交易平台的。不仅是电视上的广告，街边墙壁上的海报，只要印一个二维码，用手机一扫马上就可以链接到定单页面。如果依赖客户记一段时间，再去凭记忆到商场里选择，会存在记忆的衰减问题。一切网络信息内容链接也全都可以是电商交易入口。

原来互联网是一个匿名的世界，搞不清楚网上的人都是谁。当年有一句名言：你不知道网上正与你交流的是一个人还是一条狗，网络的信用是一个大问题。随着网络实名制，以及信用体系的建立，网络信用体系会逐步发展为一个独立的体系。当网络信用完善后，就可以不依赖于电商平台解决信用问题。企业征信、银行信用等都逐步联网，因此在商务交易中都可以很容易查到对方的信用情况。理论上说，网上的信用可远远比现实世界的信用更高，因为谁要是在网上失信，就将寸步难行。甚至可以实现理想的信用体系。

当商业的各个要素各自独立发展之后，各电商平台就得寻求自己的核心竞争优势。信用、支付两个要素将越来越往政府公众社会服务平台方向发展，因此，企业长期竞争的方向将主要在信息、订单、物流三个要素上做文章。

订单系统较多为商业企业自身所拥有和操作，但它也可以成为一个 API 接口集成到产品提供者信息平台上。

由此可见，最终电商竞争的主战场就是物流系统。这场战争从线下打到线上，最终又从线上打回线下，只不过这时的线下已经完全不同。无论如何，商业过程终极的核心功能，无非就是解决怎么把产品从生产者交到最终客户手上的过程。

不能简单地分为实体店和电商，其实现在实体店也越来越多利用电商技术，并为自身带来好处。甚至在互联网出现之前，就有商业要素的分离趋势出现了。例如，餐饮业的就餐面积占了房屋成本的相当大部分，多米诺比萨以外卖为主的经营模式，就是把执行与餐馆分离，从而节省大量就餐面积的成本。它最初实现外卖只是依靠电话来实现，而不是互联网。以电话方式实现餐饮的外卖在美国早就是一种普遍的经营模式。现在越来越多的餐馆采用外卖方式实现其商业的执行功能。因此，电商的本质是商业要素的分离和远程化，而并不一定就是互联网。

第四节 物流的模式

为表述简便，我们把电商称为 E，产品提供者称为 B，客户称为 C，仓储称为 S。

阿里巴巴的小二模式的物流是一种从店家直接到消费者手上的过程。物流过程为：

B ⟶ C

大二模式的物流是商家先把货运到大二在客户当地的仓库里。物流过程为：

B ⟶ S ⟶ C

这是京东所采用的主要模式。这个过程看起来更长，但因为客户在网上交易后货是从 S 到 C，因此路径很可能远远比小二模式短。运输成本因骨干路径上规模运货成本较低，客户主要负担本地交货成本。因此其不仅物流价格低，而且交货可以极为迅速。

商业的物流承担的是将产品从大量不同的最初生产者那

里，通过商业系统最终交到买方手上的过程。商场是将人们所需要的各种货物首先集中，然后再通过客户购买分配到各个买方手中。现在的快递业和电子商务也可以将货物从不同的产品交货仓库，甚至生产厂家的仓库直接转送到客户手上。

第五节 商业渠道

理论上说，任何一个厂家或卖方面向的买方都可以是全社会。一个厂家要想把生产出来的产品信息传播到尽可能多的目标客户，需要通过广告至少使企业的产品或品牌信息“到达”目标客户群。这个在广告界是以“到达率”指标来进行评估的。

从企业到最终的客户，并不仅仅是人们最容易看到的商场或卖场，而是要以营销学中所说的整个“通路”或“渠道”来理解。行业形态不同，建设通路的方式也有很大差别。

一、多级的渠道

在过去，面向普通消费者的厂家、或规模有限的专业产品厂家要想直接建立与最终客户的关系几乎是不可能的。因此，就需要通过多级的渠道逐渐覆盖整个社会的客户群，这是在过去最为普遍的商业渠道情况。厂家通过若干总代理或大批发商覆盖大的区域，这些总代理或批发商再在自己覆盖的大区通过二级、三级甚至四级的批发商逐渐缩小覆盖的区域，最终到达零售终端，由零售终端和卖场建立与最终客户的交易关系。

当然，渠道上的每一个层级都需要分配相应的利润。理论上说，如果厂家直接建立与最终客户的交易关系，既可节省中间渠道环节的利润分配，又可直接建立与最终客户的信息联系，最及时地获得产品反馈和需求信息。这就是直销方式。

二、直销

如果客户总量很少，则适宜采用直销的方式。例如通信设备，其目标客户的电信运营商在每个国家数量都很少，因此一般都是采用直销方式。

有些传销也自称为多层次直销，它是由本身既是消费者，又是营销渠道人员的渠道组成。

另外的直销方式是厂家自建专卖店，通过专卖店方式实现直接销售。专卖店也可以由其本地商家共建的方式实现。这样可减轻厂家建设专卖店的资本压力。奢侈品、高端消费品的品牌店都是采用这种方式。

在互联网电子商务出现之前，也有一些利用网前时代的技术进行的直销。如：

电话直销。通过直接向客户打电话推销产品，客户通过邮政汇款或其他方式支付，商家邮寄。

目录邮购。通过向客户寄送产品目录，客户通过邮政或其他方式付款，商场邮寄产品。

以上两种方式都不是非常普遍采用。目录邮购在美国较流行，在中国等国家几乎很少见到。

在互联网出现以后，厂家理论上可以直接与最终客户建立交易关系。因此，各种网络销售逐渐流行。目前电子商务的远程购物方式增长非常迅猛，并对传统商业通道产生了巨大的冲击。中国网络销售大约从 1999 年前开始起步，随后多年持续高速增长。2008 年网上零售突破 1 000 亿，达 1 281.8 亿元，2012 年网上零售突破 1 万亿元，达 1.32 万亿元。2017 年，中国网上零售额达 71 751 亿元，已经占全社会商品零售额的 15%，且同比增长速度依然保持在 32.2% 这样的高速度（净增量为 20 195 亿），远超过全社会商品零售额总体 10.2% 的同比增长率（净增量为 33 945 亿，其中网上销售净增量占 59.5%）。

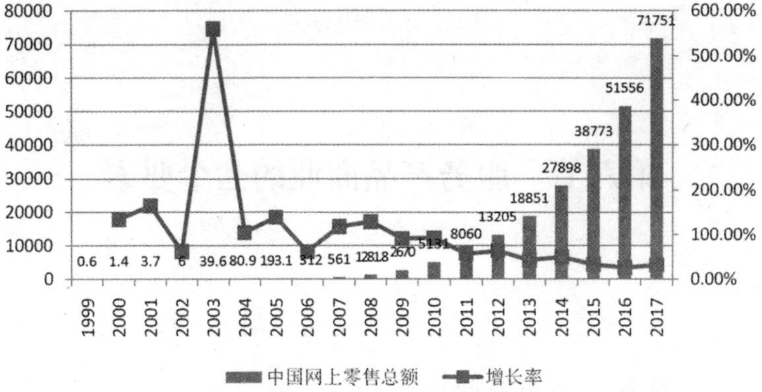

图 5–1　中国网上零售额发展

2013 年前数量来自艾瑞咨询（http：//www.iresearch.com.cn/），2014 至 2017 年数据来自中国国家统计局。

除了像食品、金额较小的日用品等之外，大多数产品都会受到网络销售方式的大举侵袭。除消费品外，生产要素产品的交易也同样受到网络销售的严重冲击。

第六节 服务产品商业的七个要素

1. 服务产品商业的要素

服务业的商业与实物商业不同之处就是没有实物的运输、仓储、商业再加工三个要素，其他要素都是同样存在的，包括：场地、信息、订单、体验、支付、执行、信用七个。

关于服务业产品，我们在本书后面的“产品与产业”一章里还会深入讨论。

另外的区别是体验和执行要素与实物商业可能存在较大不同。服务业的体验性方面的因素会比实物产品更多，关键的是很多服务类的产品基本功能就是满足买方的体验。服务产品往往被归为第三产业，但这个划分是比较笼统的。

服务业的体验性更多，并且很多服务往往无法实现远程化。例如理发、看电影、旅游观光等，这类服务必须是买方直接与卖方的执行活动在相同地点才能实现。

信息类的服务是可以实现远程化的。

2. 实物与服务产品的结合问题

需要注意的是，服务业产品与实物产品并不能绝对地区别开。很多服务产品往往必然伴随一定的实物产品，而实物产品也会伴随服务。例如房屋装修，必然伴随大量的装修材料的购买。即使是电影等看起来是纯粹服务业产品，也伴随饮料、爆米花等实物产品。旅游产品会伴随纪念品、当地特产的销售等实物的销售。

实物产品的售后服务是它常见的伴随性的服务过程。事实上，人类并不能生产任何物质，能做的只是改变物质的存在形式。人类生产的产品之所以为社会所接受，只是因为其改变后的物质存在形式更能满足人类的需要。因此，在一切实物的生产和交易的全过程中，为此做出贡献的人类劳动从本质上说都是一种服务。生产企业里的员工并没有用实物产品去与企业交易，而只是交易自己的劳动服务。不仅处于二线部门的行政、人力资源、后勤等是如此，甚至一线的生产线上的员工同样如此，他们只是通过自己的劳动服务使实物产品发生存在形式上的改变。因此，服务与实物的结合是极为紧密和深刻的。

第七节　电子商务的本质

1. 交易匹配的全社会化

现代通信技术给交易带来的最大革命是交易的远程化。在过去，无论是交易订单合约的签订、支付，还是交货，都需要面对面进行。而电子商务的远程化，使得伴随发展起来的物流业以及支付流、合约信息流全都远程化了，这一点是影响非常巨大的。它带来或即将带来“交易匹配对象的全社会化”“远程电子货币支付”“交易成本的极大降低”“交易可越过传统商业通路从厂家直达用户”“交易效率的空前提升”等众多革命性的影响。

交易过程的核心是完成买方与卖方的匹配。在过去，买方只能亲身去诸如商场察看、了解和比较货物，并完成匹配。这样，零售卖场成为最主要的连接买卖双方的接入点。卖方的货物要想实现销售，必须越过众多的环节，到达最终的卖场，才有机会与买方见面。而由于匹配只能发生在买方亲自逛商场的过程之中，这个机率就受到太大限制了。商场经营人员挖空心思设计商场的环境以及客户在商场里行走的路线，以使客户有更多机会留在商场里，并增加与货物见面的机会。很多货物由于客户找不到，或者由于客户走不动了，根本就没有见到相应的货物，这些货物也就无法获得与买方匹配的机会。

但现在，客户是在网上通过搜索技术寻找自己需要的货物。理论上说，世界上一切生产商只要将自己的产品信息发送到网上，全球各地的所有用户都有机会搜索到它们。由此不仅可轻易越过传统商业渠道或通路上很长的总代理、多级代理、零售终端等多个层次，而且使过去难以想象的买卖双方匹配过程得以成为可能。如婚恋网站，它可以使完全不认识的异性，在没有亲友介绍牵线，也没有一般见面可能性的情况下获得交友的机会。

利用网络，也可实现在过去不可能实现的大量私有资源的相互交易。通过网络的撮合，大量并非专业的生产商可以将自己私有的货物或资源通过网上与完全不认识的人进行交易匹配，这被称为“共享经济”。如：

· 私有房产的短租业务，一些家庭拥有多余的几个甚至只有一个卧室。在过去这样的资源是无法提供出来交易的，因为实在太难获得与买方的匹配。而现在通过网络，可以将自己这极少量的房间资源拿到网上，供全球旅行者选择住宿，这就是 Airnbn 等居住共享业务。

- 还有高档服装出租业务。有些人结婚时购买了昂贵的婚纱或高档的晚礼服，这些价格极为高昂的衣服，反而穿的机会很少。通过网络，它们可以拿来出租，一方面使很多买不起这些服装的女士，也可在极少的机会里享受相应的高档服装；另一方面也使购买它们的人资源得以有效利用。
- 拼车、共享单车等。虽然有人批评共享单车并不完全算“共享经济”，但这个并不重要，真正重要的是交易可以通过网络进行匹配，而不在于资源是私有的，还是企业建立的。

2. 交易成本的极大降低

网络不仅提供了最大可能的交易通达性，而且使交易的成本极大地持续降低，交易的效率同时提升。

电子商务创造了大量全新的交易机会和商业形态。在过去，要进行面对面的谈判必须要乘远程交通工具，在当地住宿，寻找就餐地。但现在，通过网络，有很多从未见过面的买方和卖方仅通过电子邮件和远程支付就完成了交易。

在这个过程中，虽然理论上世界上的任何两个人通过网络都可以获得交往和交易谈判，但事实上，在这过程中还有一个很大的成本需要克服，就是选择的成本。网络带来了便利和全球任何人相互之间信息交流的充分可能，但也带来了信息选择和判断的极大困难。信息服务商家会提供搜索的技术工具，但他们从自己利益角度考虑，不仅有偏向性地提供与自己有合作关系的卖家，而且为更多促销再次向客户倾倒更多信息垃圾。

同时，解决这些问题的搜索技术等也会极大减少选择的成本。

相比之下，交通技术的发展需要大量投资，在效能提升的同时，很难避免成本的上升。与交通技术不同，通信传媒的成本是可以无限降低的。近几十年来，在全球各个国家，都在经历通信价格的持续下降。

3. 交易角色的分离

电子商务除了有效实现交易要素的分离外，也可实现交易过程中各个交易角色的分离，从而带来交易空前的自由。交易过程中存在 7 个角色：

（1）买方。就是决策和操作购买者。

（2）卖方。就是直接提供产品者。

（3）支付方。支付购买款的一方。

（4）收款方。收取支付货款的一方。

（5）收货方。收到货物者，并且一般来说是该物的最终使用者。

（6）开票方。开具销售产品票据者。

（7）收票方。收到票据者。

在过去，以上交易过程中的 7 个角色一般在空间上是同一地点。很多角色一般也只能是合一的。如买方与支付方、收货方、收票方等都是合一的，卖方与收款方、开票方等也是合一的。但通过电子商务，以上 7 个角色在空间和时间上都可完全分离了。例如：

位于广州的一位女士 A（买方），使用位于美国旧金山丈夫 B（支付方）的账号，为位于澳大利亚悉尼的儿子 C（收货方），向位于衡阳的厂家 D（卖方）购买一件衣服，将货款打到厂家在长沙的账号 E（收款方），由厂家在杭州的总部 F（开票方）开出票据，将票据寄给位于福州的儿媳 G（收票方）。

以上这个例子稍有些极端，但对电子商务操作的技术上来说完全没有任何障碍，甚至没有什么成本的增加。另一方面，正是因为存在这种分离，才可体现出电子商务的存在意义。如果必须同一空间地点才能进行交易，电子商务的价值体现就会有一定困难。

例如，非外卖的餐饮、电影、理发美容、手术等医疗、按摩、温泉……这些必须交易双方在同一地点的交易过程，采用电子商务就会受到一定限制。即使如此，这些交易过程的订单和支付等依然可以采用电子商务。如网络购买电影票、网络订餐等。如果采用外卖或上门服务方式，这些服务依然是可以全面采用电子商务的。事实上，现在就已经出现大量这类产业采用电子商务的模式。如通过电子商务购买洗车服务，你在网上订购了以后，网上洗车公司会带着专门开发的现场洗车工具到达你的位置为你提供洗车服务。

通过网络订餐和外卖的电子商务方式，对餐饮业的成本效率会有很大影响。餐饮业的营业成本中，场设占相当大比例。而这个成本的分摊受就餐时间的深刻影响，表达这个利用率的指标是“翻台率”，它的计算公式为：

翻台率 =（餐桌使用次数 − 总台位数）÷ 总台位数 ×100%

这个是评估每个就餐客户就餐场设成本的重要指标。因为就餐时间的高度集中特性，在用餐高峰期，即使有很多客户，很可能因没有空余台位而无法就餐。这是餐饮业提升业务量和降低成本的极大障碍，它往往会使客户因没有台位而流失。因此，提升这个指标是很困难的，它受到客户就餐时间的深刻制约。客户平均就餐时间越长，提升翻台率就越困难。

海底捞等创造了非常舒适的等待区来解决这个问题，但还是需要增加等待区的相应成本。如果采用网络订餐和外卖，相当于完全不再占用有限的台位。当然，这类电子商务在买卖双方的距离上还是受到一定的约束，需要双方距离不能太远。

4. 电子商务的成本变化

通过电子商务，将传统渠道中的大量成本节省下来。主要有商场的场设成本和商场运行中的人员等成本。因此，电子商务的发展导致了商业形态的巨大转变，并使商业物业转向买方、卖方、收货方（或服务接收方）等必须在同一地点的交易过程，以及从成本上来说不适合远程物流的交易过程。如讲究服务环境的餐饮、电影院、美容……以及极低价值，而体积又大的日常生活品超市等产业。

电子商务的约束条件是物流、仓储以及电商平台的成本。

传统商业的场地成本不仅租金高昂，而且因其对位置高度敏感，一般情况下会连年持续上涨。即使位于同一位置，一楼、临街、主通道等位置的店铺商业价值也会远高于二楼或角落处的位置，因此不同楼层，或同一楼层不同位置的租金都可能会有极大差异。但支撑电子商务的仓储等场地位置受到的约束相对较少，因此可以自由选择近郊，甚至完全无人的远郊场地。这种场地租金不仅极低，而且不会随商业的增长而同步增长。电子商务伴随的物流成本是一种工业化的成本，它是可以随着规模效益的提升而不断下降的。

第六章

科学经济学公理体系

科学经济学三个公理的地位和价值，类似于牛顿力学三大定律对于经典物理学的地位和价值。

第一节　满成比

一、满效比

满足是通过产品效能实现的，但由于满足的心理反射周期性，即使完全相同的效能给人带来的满足度是高度可变的。为评估和计算某个确定效能给人带来的最终满足，我们引入“满效比”的概念。

满效比 = 满足度 / 效能　　　　（6-1）

效能是产品本身具有的技术特性，例如汽车的速度、操控性能等。满足度是人类因相同的产品效能获得的满足程度，例如某个汽车的速度性能带给某个人的满足程度。满效比是对人需求和满足特性的表达。它很可能因人自身心理发育或认知的改变而发生变化，但在某个特定时期，我们可以认为它是描述人自身需求特性的一个常量，因此就可以将满足的问题简化为产品的纯粹技术效能问题。但另一方面，也可通过营销等环节寻找使满效比更大的方式，这样就可以使相同的产品技术效能给客户带来更强的满足感。例如，在环境优美的商场里购物，与在一个环境很一般的商场里购物，产品的效能是完全一样的，但客户的满足度却因环境的不同而有所不同。当然，我们可以认为交易过程也是产品和其相对应效能的一部分。如果这样的话，“产品”和相应效能的概念范围就会发生变化。

满足是全过程的满足，而不仅仅是某一个方面效能的满足。因此，满足是三个方面的综合评估——产品使用过程、营销过程、服务过程。

二、存在反射周期的满效比

因人类心理的反射周期变化，满足度也可能会有同期性的变化。这样如果只采用反射周期某一个瞬间的满足测量值，就难以完整准确地反映满效比。食欲是一种很典型的具有反射周期性的欲望，相同食物在人的不同反射周期，口感和满足感会有显著差异。

反射周期处于不同阶段的时点，满足度会不断发生变化。但是，当反射周期重复时，相同产品效能对应的满足度变化过程具有高度的重复性。因此，我们可以对整个反射周期过程以一定规律变化的满足度给出一个综合评分。这个综合评分不会因反射周期内不同阶段瞬间的满足度变化而变化。

参考一下电子技术中对交流电信号的测量可以得到很好的启示。交流电信号任一瞬间的量值也都是可变的，并且随时域变化的波型不同，定义的参数是有差异的。因此，如何定义一个固定的值来表达交流电信号是一个相对复杂的事情。一般有这样几个参数：峰–峰值、有效值等。

峰–峰值电压 = 最高电压 – 最低电压 （6–2）

电压有效值是这样来定义的：在相同的电阻两端分别施加直流电压和交流电压，经过一个交流电压周期的时间，如果它们在电阻上所消耗的电能相等的话，则把该直流电压的幅值作为交流电压的有效值。

为了相对简单地评估反射周期不同瞬间满足与产品效能的关系，我们可以用最大满足度（“峰值满足度”）来表达。

峰值满足度 = 反射周期内最大满足程度 （6–3）

以上定义显然需要限定一些前提。例如，假设食欲的反射周期最饥饿点的饥饿程度不同，食用相同食物的峰值满足感会存在差异。到底是以什么样的“最饥饿程度”作为峰值满足感的测量点呢？我们需要限定是在人类“正常”健康进食周期前提下来进行测量，而不应当使饥饿程度达到影响人类健康的程度来提升峰值满足感。另一方面，当用这个量值来评估不同食物时，应当注意的是，在相同饥饿程度前提下所进行的测量值才有可比性。

当然，由于人心理变化的复杂性，如神秘系统或差值特性的影响，即使相同的产品效能，在最初体验时的感受度会较强（新鲜感），随着多次重复体验，其感受度会有所下降。但这也是一个有规律的多反射周期间的变化过程。如果我们再以多次体验的重复反射周期来进行综合评分，如对最初前 5 次单反射周期内重复体验分别进行满意度综合评分，再对这 5 个综合评分进行综合加权评分，这样得出相同效能对应的满足度稳定性就会更高了。

三、价值工程与效费比

美国通用电气公司工程师 L.D. 迈尔斯（L.D.Miles）在第二次世界大战后首先提出了用户购买的不是产品本身而是产品功能（效能）的概念，实现了同功能的不同材料之间的代用，进而发展成在保证产品功能前提下降低成本的技术经济分析方法。1947 年他发表了《价值分析》一书，标志着价值工程学科的正式诞生。

价值工程中所说的“价值”有其特定的含义，与哲学、政治经济学、经济学等学科关于价值的概念有所不同。价值工程中的“价值”被定义为一种“评价事物有益程度的尺度”。具体计算公式为“对象所具有的功能与获得该功能的全部费用之比”，即：

$$V=F/C \quad (6\text{-}4)$$

式中，V为“价值”，F为功能，C为成本。

功能F。指产品或服务满足需求的特定性能、用途、功能和所承担的职能等。它等价于本书中所说的效能。

成本C。产品或服务在全寿命周期内所花费的全部费用，包括全过程的生产、交易、培训、使用、维护等费用的总和。

价值工程启示了五种提高价值的主要途径：

（1）成本不变，功能提高（$F\uparrow/C\rightarrow=V\uparrow$）。

（2）功能不变，成本下降（$F\rightarrow/C\downarrow=V\uparrow$）。

（3）成本略有增加，功能大幅度提高（$F\uparrow$大$/C\uparrow$小$=V\uparrow$）。

（4）功能略有下降，成本大幅度下降（$F\downarrow$小$/C\downarrow$大$=V\uparrow$）。

（5）成本降低，功能提高（$F\uparrow/C\downarrow=V\uparrow$大）。

价值工程表达了一个非常重要的思想，但其名称的使用却有些容易造成误解。事实上，这一思想在实际应用中，更多地直接以比例关系来表达，而不是以“价值”来表达。它有如下各种本质相类似的定义：

性价比。性能或功能与价格之比。这个概念在成本上比较偏向于仅仅指产品本身的购买成本。

投入产出比。产出的销售额或利润与投入资本额之比。它反映的是生产投资的效益概念。

效费比。产品效能与获得相应效能的所有成本之比。即：

效费比 = 效能 / 获得相应效能的所有成本　　（6–5）

四、满成比

客户购买产品的最终目的是获得自己需求的满足，因此，最终的评估指标应当是满足度与投入的总成本之比。这就是满成比。

满成比 = 满足度 / 为获得该满足而投入的所有成本
　　　 = 满效比 × 效费比　　（6–6）

第二节　科学经济学的三个公理

一、净满足总额更大化公理

净满足总额更大化公理是经济学第一公理。

$$净满足总额 = 满足 - 为获得该满足而付出的所有成本 \tag{6-7}$$

如果满足度和成本的量纲不一样，净满足总额是难以计算的。因为两个不同量纲的量无法直接进行加减运算。相对来说，由于卖方的满足和成本都已经全部货币化，第一公理对于卖方应用较为简单。

而对买方来说，成本一般是绝大部分货币化，但并非完全货币化。例如，当购买一个产品时，支付部分是货币化了的。但对产品的操作使用，这种使用成本（操作的麻烦和劳累程度）并未完全货币化。而满足更难完全准确地货币化。因此，对于买方来说，计算或评估净满足额相对困难一些。

如果买方购买行为本身是为了生产，则相对来说满足度货币化更为容易。如果买方只是纯粹的消费者，则需要消费者自己仔细地评估满足度的总量和成本问题，这是一个消费心理学的课题。

对于已经货币化的经济过程，其信息评估会优于没有货币化的过程。因此，不同经济过程中信息的不对称，并不仅仅是获取信息上的不对称，而且会因是否货币化具有不对称性。在这方面，买方进行净满足总额的评估，本身相比卖方就更为困难，而不在于其获得的信息是否更为充分。

二、满成比更大化公理

满成比更大化公理是经济学的第二公理。**它是指人的一切经济行为，都是要以尽可能小的成本投入，获得尽可能大的满足。在经济决策上，使满成比的数值更大。**

为理解这一点，我们首先来看一下最原始的经济选择行为。假设一个渔民每天去 3 公里外钓鱼，每天钓到的鱼为 20 公斤。这样，获得的满足就是 20 公斤鱼，投入的成本是每天走 3 公里的路程。如果后来他选择去 6 公里外钓鱼，原因是什么？

在前一种情况下，满成比为：

20 公斤鱼 /3 公里路。

如果要保持满成比不变，要去6公里外钓鱼，就必须要能钓到40公斤鱼。

如果所钓的鱼还是20公斤，但该渔民却愿意去6公里外钓鱼，那么我们根据满成比更大化公理可以推断，该渔民一定是得到更大的满足：

如，所钓的鱼虽然还是20公斤，但这20公斤鱼的价值超过原来的1倍。

或者，如果鱼和原来一样，他一定会在除了这20公斤鱼之外，还有超过20公斤鱼的其他满足，如还可在此处顺便采5公斤蘑菇和10公斤草药。

三、更大化与最大化

以上表达满成比时，其量纲取决于分析时满足度和成本各自的量纲。例如，上述满成比的量纲会是“公斤/公里”。事实上，这个量纲所表达的满成比更接近于效费比。前面说过，满足度的测量目前很难还原为其他符合国际计算标准的物理量纲，它可以用主观分值评价来表达。如果这样，以上满成比的量纲会变成“分/公里”。如果20公斤鱼可对应30分的满足度，则其满成比为30分/3公里=10分/公里。

如果满足度和成本都通过某种途径转变成以货币表示，满成比会是一个无量纲的量。如假设20公斤鱼为100元，每3

公里路程的成本是20元，则满成比的计算结果为100元/20元=5，分子分母的货币单位被消除掉，或表达为5∶1、500%等。

无论如何，当我们要进行不同满足方案的比较时，其计算方式的量纲必须相同，否则其计算的数字将不具有可比性，从而导致该公理无法适用。

对于第一公理和第二公理，之所以是“更大化”，而不是“最大化”，是因为所谓“最大”，一般只能在很多约束条件都确定的情况下才可获得。对于经济过程来说，一切都是可变的，生产技术可变、交易方式可变、产品类型可变……因此，只有“更大”，而不会有“最大”。如果在约束条件一定的情况下，存在“最大化”的解，但这个“最大化”只是“更大化”的一个特例。

四、两个公理的应用

满成比更大化公理反映的是效率概念，净满足总额更大化公理反映的是净满足总额的绝对量的效益，或规模效益概念。从大致上来看，它们与价值工程所给出的五大基本策略完全一致。但是，第一公理和第二公理依然有显著的不同和区别。

例如，有两个投资方案：

方案一是假设投入100元成本获得了1000元的利润，则满成比为1000元/100元=10，净满足总额为1000元-100元=900元。

方案二是投入500元成本，获得利润为2000元，则满成比为2000元/500元=4，净满足总额为2000元-500元=1500元。

从上可见，方案一的满成比大于方案二，而方案一的净满足总额小于方案二。

尽管表面看起来两个公理对应的策略是一致的，但它们之间却是完全独立的，符合公理之间的独立性要求。

如果是单纯地看方案一和方案二，第一公理和第二公理将无法同时得到满足。事实上，这两个公理的应用对象是完全不同的。

第一公理是要求尽最大可能地去考虑自己可以投入的一切成本会带来的满足，而不能使一些资源被“忘记”。

第二公理是说，要让每一个成本的投入获得更大的满足，提升成本投入的效率。而当可投入的成本资源被充分考虑和开发时，第一公理和第二公理是可以同时获得满足的。

因此，两个公理共同作用会带来一个结果：

资源利用最大化定理。已有的经济资源需要最大化地去利用。

最大化地考虑利用成本资源，并非意味着对一切资源都要去按某种方式“开发”，而是说要使资源利用（利用也包括保护），以获得净满足总额最大化。

利用以上两个公理，可以真正清楚地分析浪费在经济上不合理之处到底在哪里。例如，当人们在餐馆吃饭，最后剩下很多饭菜时，会带来满成比的降低和净满足总额的降低。剩下扔掉的饭菜不会给人带来食欲系统的满足，但却大量消耗了成本。如果说它没有给人任何满足似乎会有争议，因为请客时能剩下很多饭菜，在一些人心目中是很有面子的满足感。如果这种本来是食欲系统的满足过程，掺杂进自尊系统的简单低俗满足，这将带来非常巨大的成本提升，从而降低满成比和净满足总额。

事实上，在很多满足过程中，都可能不适当地掺杂进自尊系统的作用。尤其当以极大提升成本的浪费方式来满足面子时，都会很容易带来满成比的极大降低，以及净满足总额的降低。这绝不是说自尊系统的满足是不应当的，但必须以合适的方式进行。

例如，如果一个人只能吃进 2 斤鱼肉，却购买了相同的 4 斤鱼。最后只吃了 2 斤，剩下浪费掉 2 斤，并浪费掉这 2 斤鱼为面子的满足。但是，该客户完全可以去购买价值是这种鱼两倍的更高级的 2 斤鱼，他把这 2 斤高级的鱼吃完了，既没有浪费任何成本，又获得了更大面子的满足。

或者他可以去一个环境远比当前餐馆更好的地方，虽然还是买与原来相同的 2 斤鱼，但因该餐馆环境远比原来的好，菜品综合价值是原来的两倍，他吃完了，并享受到远比之前好的环境，这样面子的满足也远比之前多。

以浪费相同资源的方式去获得面子的满足，这是满成比和净满足总额都极大降低的方式，因此它意味着的是经济上非常不明智的行为。

问题的关键在于，自尊系统是一个以差值而不是绝对值获得满足的系统。如果把这种差值捆绑到成本上，建立了相应社会性的条件反射，这将是极为愚蠢的事情。因为如果以浪费 2 斤鱼为面子的满足，问题还不在这 2 斤鱼，而是另外的人需要以浪费 3 斤鱼才能获得相同的满足感，甚至第三个人要获得相同满足感就需要浪费 4 斤鱼……但是，人们能够吃得下去的 2 斤鱼给人带来的食欲系统满足感却是相同的。在这种情况下，成本会迅速地扩大化，而满足感却完全相同。显然，其满成比和净满足总额都会极大地快速下降。

而如果将自尊系统的满足导向效能和真正的以绝对值体现的满足感，以能够获得更多效能和更大满足感而体现自尊系统的面子，这样就会使满成比和净满足总额不断地更大化。

因此，仅仅简单地指出“浪费可耻”是远远不够的。如果我们不能清楚地意识到将自尊系统导向成本更大化所带来的后果，将不会清楚理解以浪费资源作为面子的满足是多么愚蠢的行为。

五、延续公理

延续公理是经济学的第三公理。**如果净满足总额相等，且满成比相等，则维持和延续原有满足模式不变。如果净满足总额和满成比降低，则会存在反对满足模式变化的动力。降低的量越多，反对变化的动力就越强**。

如果一种新的产品，与客户已经在使用的原有产品相比，不能带来更多净满足，也不能使其满成比更大，那么，新产品就无法吸引客户改变产品购买决策。如果新产品在净满足额和满成比上甚至不如客户已经在使用的老产品，那就更不会使客户做出改变了。

但是，这个公理不能应用于当客户面临两个选择，这两个选择的净满足额和满成比都相等的情况。在这种情况下，对客户来说，选择其中任何一个都是一样的。这与无差异曲线理论所描述的情况似乎很相似。延续公理是指面对不同的两个选择，其中一个是客户已经在使用中的旧有的选择，而另一个是新的选择。因此，被选择的两个对象其地位本身就存在不同。

延续公理所提示的是，要改变客户原有的消费习惯，必须采用在净满足额和满成比上超过原有消费习惯的创新产品。仅仅做到与客户正在使用的产品“一样好”（被营销界称为“Me Too”）是远远不够的。

以上科学经济学三大公理，或称为三大定律，构成了整个科学经济学的公理体系。这里需要简单提示一下，科学经济学的公理体系绝对遵从数理逻辑的最一般公理体系原则：

- 一切定理和命题都必须由它们推导出来。
- 一切该命题系统的其他命题都不再能成为公理。
- 公理体系是数量最少的，更多的基本假设将纯属多余。

科学经济学三大定律，不仅仅是作用于经济学，而且将会在整个社会领域起到最为广泛的决定性作用！

第三节 卖方基本规律

一、货币交易使卖方需求量无限化

当通过货币交易将原始的易货交易进行分割，并出现买方和卖方后，其需求的性质也随之发生根本性的变化。

在A用牛换取B的大米这个原始易货交易中，A的需求是大米，而B的需求是牛。当用货币交易将这个过程分割后，A并非直接去获得大米，而是先要通过卖出牛获得货币；B并非直接去获得牛，他也是通过卖出大米获得货币。这个过程在极大提升交易效率的同时，也使A和B在这个阶段的需求就由直接希望获得其他人的产品变为获得货币。

一旦对具体产品如大米和牛的需求转变为对货币的需求时，就不仅仅是需求的“品种”变化，它体现了货币在本质上不同于一般具体产品的地方，就是“需求在数量上的极限被消除”。

当A的需求是大米时，A包括A的一家人能吃掉的大米无论如何都是有限的。当B的需求是牛时，他对牛的需求数量也是非常有限的。事实上，当需求是具体的任何一个产品时，其需求量一般都是非常有限的。

但是，当需求变成货币后，因货币的通用性，通过货币可以再换取其他任何产品。因此，此时A通过卖出牛而对货币的需求，就不一定非得捆绑为大米，他有可能在未来通过货币去换取其他任何产品。由于货币交易彻底打破了品种、数量和时间的匹配限制，也就意味着在卖出的过程中对应的货币需求可以在未来再对应突破了品种、数量和时间约束的其他任何产品对象。

因此，所换得的大米是“够用即可”，但所获得的货币却是“多多益善”。

如果一个人只是生产牛，当生产量多到一定程度时他就不能再生产了，因为没有足够的地方让牛待着。如果一个人只是生产大米，当生产量多到一定程度后他也不能再生产了，因为也没有地方存放。

但当任何人通过卖出而获得货币时，所获得的货币量没有限制。虽然在最初产品货币阶段还是有某些技术限制，但当货币载体技术本身空间占用越来越小时，货币累积和储存数量上的极限被突破。这使得今天可以出现亿万富翁、千亿富豪，而他们无需担忧财富无处存放的问题。尤其在电子货币阶段，货币储存所需要的空间与货币量几乎不再有任何关系。大家的货币都一个账户ID和账户上的一串数字。多出很多个数量级的货币量，只不过多几个完全可以忽略不计的Bit信息存储量而已。

因此，货币交易不仅极大扩展了交易的空间，而且完全突破了财富创造在数量上的极限。获得可以无限增多的货币成为卖方强大的财富创造驱动力。人们在这个过程中唯一需要考虑的问题是如何去获取更多货币，而不用担心获得更多财富后怎么存放的问题。

二、差价交易原则与价值创造

假设A完全通过自己养牛。所有养牛的草，以及牛舍等都是自己动手建设，然后拿到市场上出售，并换回货币。在这个过程中，投入的全部是A自己的劳动，显然，在这种情况下人们自然会得出结论，是A的劳动创造了出售牛所换回的所有价值。这是劳动价值论产生的强有力证据。

A如果只是这样做的话，他可能发现生产的效率并不是很高。随着分工越来越细，A会发现，如果他通过支付工资雇用更多人手，租用更多草场，在市场上购买养牛的设施、更好品种的小牛和种牛等，这样扩大生产规模，然后通过出售牛获得了远比过去更多的货币。此时问题就变得复杂一些了。这些投入被称为“要素投入”或“资本投入”。

过去是他自己劳动，现在他自己也在劳动，但更多的劳动是通过雇用的养牛工、租用的土地和购买的养牛设施来完成的。

过去出售后获得的货币全都留下了，看起来全是净所得，而现在最后销售牛换回的货币量虽然比过去大得多，但需要扣除在出售之前雇用工人的工资、草场的租金、购买设施费用和种牛费用，在出售牛的销售过程中支出的运输、广告、仓储等所有货币以及因其经营而要付出的税收等支出后，剩下的才能算是他真正的所得。这部分就被称为“利润”。

从价值创造来源上说，此时如果认为所有利润都是劳动创造，那么所有利润就都应当以劳动多少进行分配。但是，如果除劳动之外的其他要素投入者不能获得任何利润分配，那么就没有人愿意去提供这些要素的投资。由于要素投资而获得的，相对于纯劳动获得的利润之差，显然是至少有要素投资的因素而产生。虽然这些投资也都需要通过劳动的配合去实现利润。随着生产技术，尤其是未来机器人等智能化生产技术的不断提升，生产中劳动的含量在不断减少，而生产效率却在不断增加。当社会生产一旦发展到这个阶段，价值的创造就由劳动价值创造变为“投资经营价值创造”。而在投资经营价值创造阶段里，劳动不再是原始阶段的劳动，而变为投资经营价值创造的一部分。劳动者同样需要以投资者来看待，只不过他们投资的是自己职业生涯的时间和在这个时间内的劳动付出。

之所以在这个阶段劳动者也会把自己看作是投资者，是因为其投资经营的平台不同，其效益会有极大差异。有一个职业生涯规划的比喻非常好地说明了这一点：

一个人如果只是利用自己的双脚拼命地奔跑，即使以世界马拉松冠军的水平看，在 2 个多小时的时间内也就能够跑 40 多公里，时速最大也就 20 公里左右。一般人能跑到“半马”，也就是 42.195 公里马拉松全程的一半，就已经累得话都说不出来了。

如果是骑自行车，一个平常人用力骑，时速也可以轻松达到 50 公里。

如果开汽车，只要掌握方向盘，不时轻轻踩下油门和刹车，即使开车的人是一个走路看起来都吃力的老太太，其时速也可以很容易达到 100 多公里。

如果是乘高铁，舒服地坐在软椅上，这时可以什么也不用做，只要注意到站时间，任何人的时速都可以达到300多公里。

如果是乘飞机，可以吃着航空餐点，看着报纸，欣赏着机上娱乐节目，用手提电脑看看文件，时速可达 900 公里。

……

并非是劳动量越大，收获就会越大，而是其劳动投资的平台不同，收益就完全不同。在这个阶段的劳动越来越不可能独立存在，它只能存在于其投资经营的平台上。

因此，当交易发展到货币交易阶段，逐步就演变成“投资经营”阶段。在这个阶段，一切人都是投资经营者。只有投资收益率和利润总额的不同。如果其中还存在劳动，那完全是服务于投资经营。在这个阶段，是原始劳动逐步消失的阶段。劳动，只不过是一种特殊的投资品。在很多企业，员工也因劳动的投入而获得企业的股份。

在这个阶段，一切价值，都是投资经营创造的。只是投资的内容和方式不同。有人用劳动投资，有人用货币投资，有人用土地和其他资源投资，有人用知识产权投资……

在易货交易阶段，还是以A用牛换取B的大米为例，假设他们之间交换的比例是1牛头换1000公斤大米。写成方程式就是如下的形式：

1 头牛 =1000 公斤大米

以上交易的原则很自然地就会被看作是“等价交易原则”（或等价交换原则）。

即使在货币交易的最开始阶段，如果A用1头牛换回4000元货币，然后马上就用4000元货币去换1000公斤大米。此时4000元货币只不过充当了一个暂时的中介，并且其数量上的4000元货币，更清楚地显示了以上等价交易原则的“等价数量”是4000元货币。

但是，当A不再是以简单的自己劳动，而是以投资经营去获取更多货币时，问题就变得复杂多了：

投入 100 万货币用于所有牛的养殖和销售——→形成 500 头牛的生产能力——→产出 500 头牛——→卖出 500 头牛获得 200 万货币

以上经济过程中，只是最后一个阶段，500 头牛 =200 万货币看起来与过去一样，但整个从最左边考察起的生产过程将无法再写成等式的方程，如果硬要写等式就变成：

100 万货币 =500 头牛的生产能力 =500 头牛的产出 =200 万货币

去掉中间的两个过程就变成：

100 万货币 =200 万货币

以上关系式显然是不成立的。上面中间的 500 头牛生产能力和相应的产出，在不同人那里，甚至同一个人的不同阶段，不同经营范围可以变成其他任何产品生产能力和其产出。如 1000 头猪生产能力和产出、400 吨大米生产能力和产出等等。事实上，对于卖方来说，它们都成了获得更多货币的中介物而已。

在这个过程中，卖方 A 真正感兴趣的是卖出获得的货币减去投入的货币，能剩下的是多少货币。也就是 200 万货币 –100 万货币 =100 万货币，这才是他真正想要的东西。这个差价越大，他的兴趣和需求的满足就越大。此时的交易原则显然就不可能再用"等价交易原则"来描述，而会变成"**差价交易原则**"。

当我们发现交易的原则是差价而不是等价之后，难免会回过头去提出一个问题：

原来的"1头牛=1000公斤大米"真的是等价交易原则驱动下的交易过程吗？问题的关键在于，A为什么要用1头牛去换取B的1000公斤大米呢？难道仅仅因为1头牛与1000公斤大米的价值相等吗？反过来也存在同样的问题，B为什么要用1000公斤大米去换取A的1头牛？

无论是绝对优势理论还是相对优势理论，事实上都在努力发现交易存在的合理理由——可以获得更多的产品和财富。A和B如果通过交易方式去满足自己的需求，他们可以用相同的工作时间获得更多产品，并且是双方都能够获得更多的产品。显然，这就意味着在"交易"和"不交易"之间对交易的双方来说都存在一个差值，并且是交易方式获得的财富总量大于不交易的财富总量。如果不存在这个"差值"，无论A还是B都没有理由去进行交易。

因此，A和B进行交易的经济学原因，并不是因为1头牛的价值就是等于1000公斤大米，而是他们在这个过程中获得了更多的牛和大米。这个结论无论是绝对优势还是相对优势理论都已经给予了很好的证明。只不过这个差值不像完全用货币投资获得更多货币体现得那样明显。因此，即使原始的易货交易，遵循的依然是"差值交易原则"，而不是"等价交易原则"。

之所以把它叫作“差值”，而不是“差价”，因为所谓“价格”和“差价”，是在货币交易出现后才有的。但差值交易原则，本质上与差价交易原则是类似的。只不过货币交易的差价是通过货币投入与产出之间的差价体现，而易货交易的差值是通过交易所得与不交易所得之间的差值体现。差值或差价体现的方式并不重要，重要的是通过财富的“差”，而获得净满足总额的更大化，这才是推动相应经济行为的真正驱动力。**它是一只清清楚楚可以看得见，也可以精确测量的“手”。**

如同在电子电路中，只有存在电压，才能驱动产生电流，电路才会工作。电压越大，在电阻相同的情况下，电流就越大。价值差就是“经济系统电路”的电压。流过一个电阻两端的电流看似相等，似乎是一个等值过程，但它是以电阻两端的电位不同，也就是存在电压为前提的。同理，交易双方通过交易形成一定量的产品或货币互换，看似形成一个等值过程，事实上是以双方都存在价值差为前提的。任何以等量方式体现的“交易流”，都是以存在价值差为驱动而产生的。

差值就形成了利润，钱就是这么赚到的，财富就是这么增加的。

三、卖方总方程

为给卖方的需求以完整准确的表达，设卖方的利润为B，产品价格为P，投入的总成本为C，销售数量为Q。那么根据净满足总额更大化公理，可得如下方程：

$$B=Q(P-C) \tag{6-8}$$

如果我们要考虑最为一般的情况，卖方销售的产品可能并没有品种的概念，而是所销售的每一个产品都不一样，甚至是可微的产品，如散装面粉等。假设产品的价格分布函数为$f_p(q)$，q为产品连续形态的数量；成本分布函数为$f_c(r)$，r为成本连续形态的数量，那么卖方总方程就可表达为如下最一般的形式：

$$B=\int f_p(q)\,dq-\int f_c(r)\,dr \tag{6-9}$$

如果可用离散的序列表达每个售出产品的价格和每一项成本，则卖方总方程也可表达为如下的序列和的形式：

$$B=\sum_{i=1}^{M} P_i-\sum_{j=1}^{N} C_j \tag{6-10}$$

上式中P_i是售出的第i个产品的价格，售出产品总数为M；C_j是第j个投入项目的成本，成本项目总数为N个。

上面三个公式本质上一致，但还是有一些细微的区别。

（6-8）式暗示了产品呈离散形态，属于等效能，且所有成本可均匀分摊到每个产品中。

（6-9）式可适用于所有情况，它是通用性最强的。既可适用于等效能，也可适用于异效能；产品可以是离散形态，也可以是连续形态；成本可以分摊到每个产品，也可以不能分摊到每个产品。成本不能分摊到每个产品的例子较多出现在媒体行业和互联网行业。媒体行业成本主要发生在媒体制作和发行，他们是以此吸引客户，而真正赚钱的产品是广告。大多互联网公司也是采用这种方式。在这种情况下，主要的成本很难摊分到每个赚钱的广告产品中。

（6–10）式适用于产品离散形态，不适用于连续形态；可适用于等效能，也可适用于异效能；成本可以分摊到每个产品，也可以不能分摊到每个产品。

表 6–1 是对以上情况的总结。

表 6–1　三个卖方总方程公式适用情况汇总

	B=Q(P–C)	$B=\int f_p(q)\,dq-\int f_c(r)\,dr$	$B=\sum_{i=1}^{M}P_i-\sum_{j=1}^{N}C_j$
产品形态离散	●	●	●
产品形态连续	○	●	○
等效能	●	●	●
异效能	○	●	●
成本可分摊	●	●	●
成本不可分摊	○	●	●

●表示适用　○表示不适用

四、卖方利润更大化定理

根据卖方总方程，如果我们假设与企业的需求相对应的净满足额就是企业的净利润额，那么，以此计算的 B 就是卖方的净满足总额。根据净满足总额更大化公理，可推导得出 B 更大化定理。而 B 就是卖方的利润，因此，也就是卖方利润更大化定理。

在对利润的财务统计中，常常区分毛利润与净利润。毛利润从财务专业的说法是 EBITDA，即，未计利息、税项、折旧及摊销前的利润（Earnings Before Interest，Taxes，Depreciation and Amortization）。而净利润 B 是扣除利息、税项、折旧及摊销的利润。一般情况下，利息、税项、折旧及摊销是较难以改变的要素。因此，要使净利润更大化，主要就是使 EBITDA 的更大化。因此，EBITDA 的更大化也就是企业经营所追求的核心目标之一。

五、利润更大化的不同途径

要使得 B 更大化，需要 Q（P–C）更大化。这里面可操作的策略是非常多的。可以说一切营销模式，全都建立在卖方总方程和卖方利润更大化定理之上，并可通过它们用数学精确地推导出来。以下是几个主要的形态：

1. 价格上升、成本下降、数量不降低甚或上升

这当然是最理想的状态，尤其数量也增加更是如此。这是一种“厚利多销”的形态。这一般只有在巨大的技术突破、特殊市场变化（如垄断）等情况下才会产生。

2. 价格上升巨大、成本较少上升、数量较少下降

这是一种厚利经营形态。如奢侈品等。

3. 价格较大下降、成本较少下降、数量巨大增加

这是典型的“薄利多销”和“价格战”形态。

4. 价格下降、成本上升、数量非常巨大的增加

这种模式往往很危险，因数量需要太大增量，因此一旦增量不能达成，很可能面临利润下降甚至亏损的局面。

5. 价格较少下降、成本较大下降、数量不降低或极少下降

成本较大下降有可能意味着产品的品质有损害性的降低。在保证品质不降低的情况下，这种经营模式往往意味着降成本技术有很大突破。

6. 价格下降、成本同步下降、数量不降低或增加

这是一般生产规模或技术进步发生的情况。

7. 价格上升、成本同步上升、数量增加

这可能是原材料或其他要素成本上升，推动销售价格同步上升，但因相应厂家成本控制更好，成本消化更好，价格上升相比其他厂家更低，从而获得更多市场的情况。

根据卖方总方程，可以获得的营销启示还有很多。但分解

开来说也就是数量、价格和成本三个独立策略。获得更多数量主要有两种方式：

1. 增加单位时间的交易数量。一般企业是以年、季度、月、周、天等时间周期长度为核算单位，在这些核算单位周期时间长度内，交易的产品数量是数量策略的最主要体现。通过增加单位时间内的交易数量，可有效提升总的产品交易数量。单位时间内的交易数量提升，是通过扩大市场占有率以及扩大市场总容量等方式实现的。

2. 相同的单位时间交易数量前提下，通过更长的持续交易时间。以时间换积累数量。这是一种可持续经营的数量策略。如果一年的时间周期内交易数量一定，持续按这个数量，或更大的数量交易的年数越多，当然总的数量也会越大。时间积累，是获得更大数量最有效的方式。因为单位时间内的销量会较容易受市场总空间的制约，而时间的持续积累却是一个无限延续的过程。

获得更高价格，需要以效能和品牌等提升为基础，以及获得独有的市场控制能力等。这后一个能力与对市场一定程度的垄断相关。

六、卖方投入产出比更大化定理

对卖方来说，满成比更大化公理，就变成以利润表达的**投**

入产出比更大化定理。

以净利润作产出表达的投入产出比 = 净利润总额 / 总成本
（6–11）

假设企业要满足的需求就是净利润，那么以上投入产出比就等价于满成比。根据满成比更大化公理，可得出以净利润作产出表达的投入产出比更大化定理。

但是，以上直接以满成比导出的投入产出比概念并不常用，一般是以利润率形式表达：

利润率 = 利润总额 / 总销售额 = 利润总额 /（利润总额 + 总成本）

（6–12）

根据对利润的定义不同，会有毛利率和净利率的差异：

毛利率 =EBITDA/ 总销售额 （6–13）

净利率 = 净利润 / 总销售额 （6–14）

第四节　买方基本规律

一、消费需求与幸福

对买方来说，是用货币换取具体的产品。更确切地说是用货币换取产品的效能。如果买方购买这个具体的产品是为了下一个卖出，这个购买只是一个投资行为。

如果买方购买某个产品之后，目的不是为下一个卖出行为，这样的买方就被称为“消费者”。对于消费者来说，效能要转化为满足，必须要有“享用”或“享受”的过程。在过去称所有买方的这个行为是“使用”。我们之所以要称其为“享用”或“享受”，是为更准确地体现其与消费者满足的对应关系。只有当买方的购买行为是购买的投资品，称“使用”才更为合适。如果该效能通过享用或享受最终给买方带来满足，我们就把“通过享用所获满足减去为此支出的所有成本”定义为“以经济过程实现的幸福”。我们并不认为经济过程可以带给人类一切幸福，但通过经济过程实现满足的确是一个最广泛的方式。

正如在前面谈到净满足总额概念时所提到的，以上对幸福的定义可能会存在一个测量的困难，因为成本一般可以货币化，而满足度很难货币化。这样两者相减的操作无法直接进行。要实现它们的相减操作，必须使满足度货币化。而这一点目前要做到还很困难。因此，要对幸福感进行量化评估，还需要更多消费心理学研究的支持。

二、幸福更大化定理

一般情况下市场交易只能达到效能更大化。金钱可以买到效能，但能否变成幸福还要看自己。

金钱能否买到幸福？这是一个古老的问题。从以上分析可见，金钱能直接购买到的是产品的效能。而相同产品效能可以给人们带来多少满足，则不完全是金钱的事情，而是购买者自己的事情。使相同的效能带来更多的满足，或者在一开始就选择真正可以带来更多满足的产品效能，这就是通过金钱购买到更多幸福的秘诀。

需要特别指出的是，满足并不是仅仅通过购买就能实现的。购买到的效能只是一个潜在的效能，如果不去真正有效地享用它，它依然没有意义，甚至凭空多占家里一个地方。幸福和满足是享用出来的，而不是购买到的。即使满足度目前还难以用货币测量，但通过更多享用效能而使满足度提升，对于提升幸福感无疑是重要的。而享用效能一般并不需要金钱。因此，不应去简单地购买效能，而要去购买准备充分享用的效能。

尽管消费者的净满足总额或幸福难以进行测量，但却并不会完全影响幸福更大化定理的使用。因为幸福更大化并非一定要计算出幸福绝对额，而是要计算两个消费模式幸福的“差额”。假设两个消费行为满足感相同，成本不同，则虽然无法准确计算出幸福额，但却可以在一定情况下知道差额是增加还是减少。如，一个方案是在家里做饭吃，另一个方案是去餐馆吃饭。假设两者菜品完全相同，满足感是一样的。

在家做成本为：采购食材成本 + 做饭消耗的能源、水电及辅助食料成本 + 做饭消耗的时间成本 + 做饭劳动成本

去餐馆吃饭的成本为：买单成本 + 去餐馆的交通成本

其中，前一个成本里的“做饭劳动成本”也是一个较难货币化的量。如果我们把它按相同劳动用于工作创造的工资价值等方法货币化，即可使两个成本都成为完全货币计算的形式。如果算出去餐馆的成本更低，则去餐馆的幸福度就更高。尽管这个过程中，因满足度未能货币化，我们并未能确切算出两个方案的幸福值到底是多少。

如果在成本相同情况下，两种消费方案的满足度也是可以

比较的，尽管现在还不能用货币化方式去比较。

以上这种以差值方式来解决幸福更大化定理的途径，是数理经济学“基数效用”难以测量，而认为“序数效用”可测量的原因所在。但事实上，无论是基数的效能，还是基数的满足度，都是可以测量的。只是净满足总额因难以都统一为相同量纲的值，而难以测量。

一般来说，两个消费模式的幸福感分别为（满足 1– 成本 1），（满足 2– 成本 2）。从而，两个消费模式的幸福差额为：

（满足 2– 成本 2）–（满足 1– 成本 1）

=（满足 2– 满足 1）–（成本 2– 成本 1）

这样，两个满足和两个成本的量纲分别相同，是可以分别比较出大小的。以此可以比较出整个差值的大小情况。可按以下四种情况确定最后幸福差额的正负。

1. 满足 2– 满足 1 ＞ 0，成本 2– 成本 1 ＜ 0。这种情况显然幸福差额为正。

2. 满足 2– 满足 1 ＜ 0，成本 2– 成本 1 ＞ 0。这种情况显然幸福差额为负。

3. 满足 2– 满足 1 ＞ 0，成本 2– 成本 1 ＞ 0。在这种情况下，可以通过比较（满足 2– 满足 1）/（成本 2– 成本 1）相比满足 1/ 成本 1 是增加还是降低来确定。如果增加，则幸福差额可确定为正，否则为负。

4. 满足 2−满足 1 ＜ 0，成本 2−成本 1 ＜ 0。在这种情况下，可以通过比较（满足 2− 满足 1）/（成本 2− 成本 1）相比满足 1/ 成本 1 是增加还是降低来确定。如果增加，则幸福差额为负，否则为正。与上面正好相反。

三、幸福成本比更大化定理

相对于幸福更大化来说，幸福成本比的测量更为可行。以满成比更大化公理，可直接推导出**消费者的幸福成本比更大化定理**。

比较满足 2/ 成本 2 与满足 1/ 成本 1 是上升还是下降，可以确定幸福成本比的变化是否更大化。

四、效费比更大化定理

根据满成比更大化公理，当一定效能对应的满意度一定或已经优化时，满效比可视为一常数，在这种情况下，满成比更大化公理就变成**效费比更大化定理**。

相对于满足度，效能更容易获得客观测量。但需要提醒的是：

效能一般对应于各种不同的物理量，因此，在确定不同物理量时，其量纲是不同的。所以，效费比是一个针对不同具体产品对象，甚至在同一产品对象时的不同效能，其量纲都是不同的。但成本大多可以用统一的货币单位表示。

效费比与满成比分析各有不同的偏向。效费比分析时，一般并不是去分析所有的产品效能，而是针对主要的性能指标。如汽车的时速、百公里加速时间、百公里油耗、转弯半径、运载量等。但满成比分析会较多针对总体或人机接口等的用户体验或主观印象。如车门把手操作感觉，车椅舒适度，车内饰感觉，操控感觉等。作为主要技术指标的效能，当然是用户体验最重要的方面之一。但更多用户体验所涉及的方面，如内饰等，可能会直接以满成比来衡量，而不是用效费比分析来衡量。

第五节 经济学三个公理的地位和意义

按照科学的要求，一切经济学的规律，如果它们可以称为科学规律的话，必须能够从以上经济学三个公理中逻辑和数学地推导出来，否则都与科学经济学毫无关系。这三个公理类似牛顿力学三大定律的地位。

经济学的规律，与是否符合社会福利是两回事。因此，符合经济学规律的，未必一定就是与社会福利正好相符合的。一切对经济学规律的开发利用，与开发利用一切科学规律造福人类社会都是一样的道理。

以投入产出比更大化定律来说，它要求提升利润并降低成本。而对生产企业来说，降低成本有可能是技术进步的结果，也有可能是通过降低品质和偷工减料而实现。这些并不是经济规律本身自动就可以解决的问题，而必须通过对经济规律的开发利用，有针对性地建立相应的交易机制、法律法规、第三方产品测量机构、产品认证机构、质量管理认证检测等来解决。

第七章

等效能条件下的买卖

图表分析、微积分、集合论是很有效的数学工具。为简化模型，假设在等效能条件下，可以用买方曲线、卖方曲线为基础建立交易区分析。

第一节　等效能与等效能分析

一、定义

如果我们假设产品的效能完全相同，仅价格、成本或数量发生变化，就称这种前提条件为“等效能”。

产品效能“完全相同”，这个假设可意味着产品无任何差异。虽然从理论上说不同的产品有可能存在完全等效能的情况，其中一个产品是另一个产品效能上“接近100%精确”的模仿，只是内在产品结构并不完全相同。但这种情况出现的可能性极其微弱，并且多少总会有一些不同的特性，而这些特性就有可能会成为考虑更多需求时的效能差异。例如，两个实现完全相同功能的软件，其代码设计可能并不一致。再如，不同厂家的同一品种产品，很可能效能基本上一致，但在产品设计上会有微小的差异。它们在不同应用条件下，就可能会存在细微差别。例如，都是个人电脑，并且性能外观等都一致，但所选择的芯片一个是军品，另一个是民品。那么，在一般应用情况下两者几乎没任何区别，但在极端的温度、湿度等条件下，采用军品器件的产品就更为可靠，性能更为稳定。因此，虽然表面看起来两个产品一样，但采用军品器件的产品价格会高很多。如果都是采用民品器件，其他性能和设计都完全一样，区别仅仅是外观颜色，以满足不同客户的喜好，对这种细微差别，为便于比较分析，人们常常把它们列为相同产品。对于客户来说，关心的只是外在的效能，对于内部结构如何实现其效能并不是核心问题。因此，“等效能”概念可以避开产品内部的细节差异，而仅从对用户需求有意义的效能上分析问题，把效能相同的产品，即认为是完全“同样的产品”。这些产品的数量分析就可以统一在一起进行。

如果在这种等效能条件下，仅去分析其价格、成本与数量之间的关系，这就是等效能分析。

正如前面所说，因产品有内在结构的不同，或内在结构相同，而出产厂家不同，甚至同一厂家不同批次产品，多多少少总会有微小的功能、性能、品质或品牌差异。由此会带来等效能分析的误差，只是当这个误差在许可范围内时，我们才会接受等效能分析的结果。

二、买方个体的数量规律

如果某产品更多数量可带来更多满足，根据满成比更大化公理，价格下降可导致个体购买数量增加。这个定理可对应于数理经济学个体消费行为的“需求定律”——即消费数量与价格成反比，表现为“需求曲线”斜率为负。但是，传统的数理经济学需求定律只是在特定条件下才成立的。因为：

如果更多数量不能带来更多满足，价格下降就不会导致购买数量增加。消费者有可能只是维持原来的消费，或会转向更高价格，但具备更高效能和满足的交易过程。也有可能另外的消费者新加入这一产品的消费。

即使价格下降，个体对手机的购买数量并不会增加，因为手机号码的唯一性对使用的方便性有极大好处。除了因多种制式的存在而导致曾在市场上出现“双枪”（如小灵通产品流行的时代）的现象外，即使一个亿万富翁，也不会说因其钱多而愿意买几百部、上千部手机拿在手上。无论哪个层次的消费者都高度倾向于只拿一部手机使用。

但如果未来可穿戴设备大量普及，情况又可能会发生变化，人们可能在身上带很多可穿戴设备。因此，从个体消费者行为上来说，不同产品消费数量与价格的关系是完全不同的。

三、多种数量效应

某个等效能的手机价格下降，在宏观市场表现上有可能导致该品种手机销量增加，也可能是减少。因为当该款手机价格下降时，会有多种不同的微观个体消费行为影响效应：

1. 有部分原来不购买此手机的消费者，会因其价格的下降而加入其购买的行列——**进入效应（属于消费者增减类型）**。

2. 有另一部分消费反而退出，转而追求更高效能的手机购买——**退出效应（属于消费者增减类型）**。

3. 维持消费不变，但将因价格下跌节余的钱转向购买其他效能的产品——**节余转向效应（属于预算增减类型）**。如果价格上升导致消费预算超支，可能会对应方向相反的“**超支转向效应**”（**属于预算增减类型**）——因该产品超支而减少其他产品消费，从而还是购买该产品。

最终的结果有可能使宏观统计的销量为所有变动之和，有可能增加，也可能减少。

再如，对于某个品种的西瓜来说，更多数量可以带来更多满足，在这种情况下，该品种西瓜价格的下降可导致四种结果：

1. 某个体买方购买更多数量该品种的西瓜——**增量效应**（相反方向的是**减量效应，都属于消费量增减类型**）。

2. 西瓜各种品种价格普遍下跌，这样，某些消费者放弃该品种，转而购买其他更高品质品种的西瓜——退出效应。

3. 其他原来不买此品种西瓜的某些消费者，因其价格下降而转向该品种——进入效应。

4. 某些消费者并未因价格下降就增加消费，或增加很少，从而节余在西瓜消费上的支出，转向购买其他产品——节余转向效应。

以上多种不同方向效应的综合作用，最终有可能导致宏观市场上的数量增加（退出效应加节余转向效应未超过进入效应太多，未能抵消增量效应），也有可能是减少（退出效应加节余转向效应远超过进入效应，抵消了增量效应）。只是一般来说，有可能更多情况的确是带来销量增加而已。

而一些很低端的产品，如果价格下降，往往反而可能会导致总体消费量下降，这是因为这些价格本来已经较低的产品，进入效应的空间几乎没有；而其价格进一步下降，会使相对高端一些的产品价格下降，较容易消费，退出效应相对较大；另外低端产品的消费者往往预算非常紧张，能少花钱尽量少花钱，导致退出效应和节余转向效应远超过增量效应和进入效应。

价格增加时的情况也是类似的，只是方向相反，结果也同样是不确定的。

以上分析表明，某特定消费者个体的行为，与宏观统计结果表现的行为未必是一致的。因此，即使传统数理经济学个体经济行为的“需求定律”（个体供给曲线斜率为负）成立，因多种不同方向效应的存在，也未必一定能导出宏观统计上同样情况的“需求定律”（宏观需求曲线斜率也为负）。

因此，数理经济学中的微观经济学，将个体经济行为直接对应宏观经济行为是不合适的。如把斜率为负的个体需求定律，直接相加就变成宏观统计上斜率为负的需求定律。

以上所有数量效应，都可以在个体消费行为上清晰地观察和测量到。其3个不同类型，每个类型有2个相反方向的效应，共计6种，总结罗列如下：

表 7–1 价格变化引起的买方各种数量效应

类型	数量增加	数量减少	中性
消费者增减	进入效应	退出效应	
预算增减			节余转向效应、超支转向效应
消费量增减	增量效应	减量效应	

从表 7–1 可看出，预算增减效应对消费数量的变化是中性的，它倾向于消费数量固定，是随价格变化改变此产品的预算，而不是消费数量。

四、预算策略

设 B 为针对某一产品的预算。基本的预算函数为：

预算 = 购买数量 × 购买价格

$$B = Q \times P \tag{7-1}$$

另假设买方的购买行为有以下预算偏好函数：

$$B = f(P, Q) \tag{7-2}$$

当价格发生变动时，买方会有各种不同的策略。如价格下降时，买方可采用以下几个比较典型的预算策略：

1. 固定预算策略。偏好函数 $B = b$，b 为常数。因此，$Q \times P = b$，价格下降会导致消费量增加。即为增量效应。

2. 固定消费量策略。偏好函数为 $Q = q$，q 为常数。这会导致节余转向效应，或进入效应。

3. 固定价格策略。改为更高品质的消费品种。偏好函数为 $P = p, Q = q, p, q$ 为常数。此为商品改变。体现为退出效应。

4. 降低预算策略。偏好函数有 $dB / dP > 0$。消费量适当增加，但总预算减少。体现为增量效应和节余转向效应。

5. 增加预算、增加消费量策略。偏好函数有 $dB / dP < 0$。体现为增量效应和超支转向效应。

第二节　买方分析

一、买方曲线

如果以买方某个意愿为条件，例如，买方有可能用于购买该种产品的最大可能购买力，将价格从高到低进行统计汇总，就可形成一条如图 7-1 的曲线。我们把它称为买方曲线。与数理经济学需求曲线不同的是，这个曲线并不一定是交易行为发生的曲线，而是一个区分两个重要区域的边界：用于区分买方意愿交易区 Rbw（Region of buyer’s willing to trade）和买方非意愿交易区 Rbu（Region of buyer’s unwilling to trade）的边界。真正的交易有可能发生在所有区域。这一点是与传统数理经济学完全不一样的地方。这个曲线的斜率为负并没有特别的意义，它只是构造曲线的数学方法本身所造成的。

在 Rbw 区域，越是往下，买方交易意愿越强烈。在大打折的购物季，如“黑色星期五”“双 11”，价格远低于买方曲线，并且远低于日常成交的交易点，客户所表现出来的疯狂已经足以表明其意愿的强烈程度超过平常的成交意愿。

而在Rbu区域，越是往上，买方对交易越是不愿意。在这个区域并非不可能有任何成交，但它们会让买方反感和痛苦的。如依靠强力、垄断、欺骗、过度推销等完成的成交。在买方有充分决策自由，并且可以得到足够决策信息的条件下，一般不会使成交发生在这个区域。

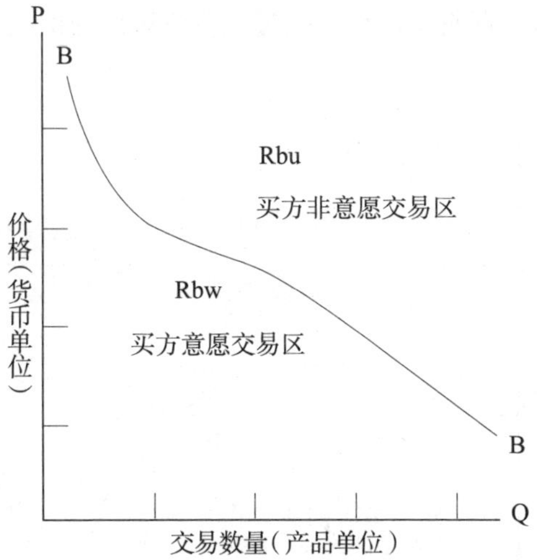

图7–1　买方曲线

二、买方意愿条件

买方曲线是某个特定买方意愿的体现。因此，如果买方意愿假设不同，买方曲线是有可能不一样的。例如，以上我们以最大可能的购买能力为意愿假设，是上述买方曲线，但如果以最大购买能力的一定比例为意愿假设，则买方曲线会向下移动，并且形状也可能发生变化。例如，假设以最大购买能力的 80% 为购买某产品的意愿假设，那么买方曲线就会在每个横轴位置上，向下移动纵轴价格值 20% 的距离。

图 7–2 就是以最大购买能力的 80% 为购买某产品为意愿假设形成的买方曲线，与基础买方曲线对比的情况。

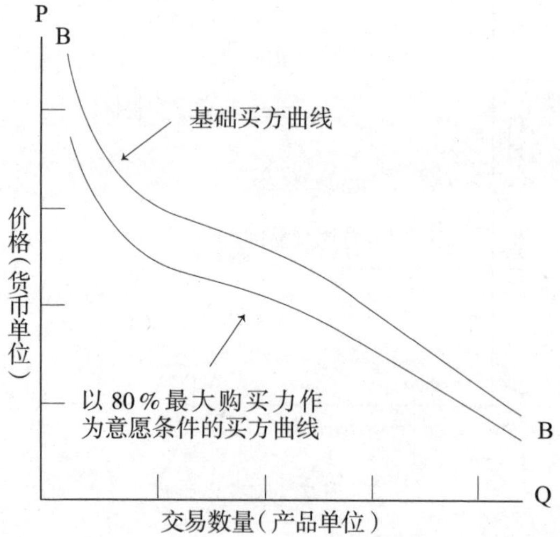

图 7–2　不同意愿条件下的买方曲线

我们把以上买方曲线相对应意愿的界定称为“买方意愿条件”或“买方意愿假设”，简称“意愿条件”或“意愿假设”。“消费者最大购买能力”是最重要的意愿条件。虽然说它是意愿，看起来是心理或主观的东西，但事实上是有充分客观依据的。消费者的最大购买能力就是一个基础的纯客观的条件。因此，我们可把“消费者最大购买能力都用于购买某产品”称为“基础买方意愿条件”。实际的意愿条件可能是基础买方意愿条件的某种变化。实际上，人们很少能把所有购买能力全用来购买某一种产品，因此，基础买方意愿条件主要是一个理论分析的工具。但它也有非常实际的意义：以基础买方意愿条件构造的买方曲线，事实上是一个消费总支出的分布曲线。

最大购买能力是个体消费者全部消费支出的总和。购买某个特定产品，其占总支出的比例是确定意愿条件的方式之一。

恩格尔系数。十九世纪中期，德国统计学家和经济学家恩格尔对比利时不同收入的家庭的消费情况进行了调查，研究了收入增加对消费需求支出构成的影响，提出了带有规律性的原理，由此被命名为恩格尔定律。该定律指出，一个家庭或个人收入越少，用于购买食物的支出在家庭或个人收入中所占比重就越大。

恩格尔系数可体现为一种意愿条件。即，将家庭总收入以恩格尔系数为比例计算出愿意用于购买食物的意愿条件。只是因为不同收入个体和家庭的恩格尔系数不同，因此在曲线上体现为不同基础买方曲线价格值的恩格尔系数不一样。恩格尔曲线就是各个不同数量处买方意愿条件的体现。

意愿条件的另一个形成方式是“市场最高价格”。由于不同地区形成的最高市场价格可能不一样，或因信息不对称，在不同人心目中形成的最高市场价格不同。因此，以最高市场价格形成的买方曲线是不同人心目中的最高市场价格分布曲线。相对来说，以市场最高价格形成的意愿条件模糊性和主观性相对高一些。

三、买方意愿强度

在买方意愿交易区，越往下，买方交易的意愿就越强烈。假设在Rbw有某一点T，过T作一条垂直线，交买方曲线于A。那么，这两点对应的价格差，如图 7–3 所示，体现了买方得到的价格好处。这个差值越大，买方得到的价格好处就越多。好处越多，买方成交的意愿就会越强。因此，这个差值就被定义为“买方意愿强度”：

买方意愿强度 =A 点的价格 –T 点的价格 （7–3）

如果 T 位于买方曲线下方，买方意愿强度为正；如果 T 位于买方曲线上方，买方意愿强度为负。

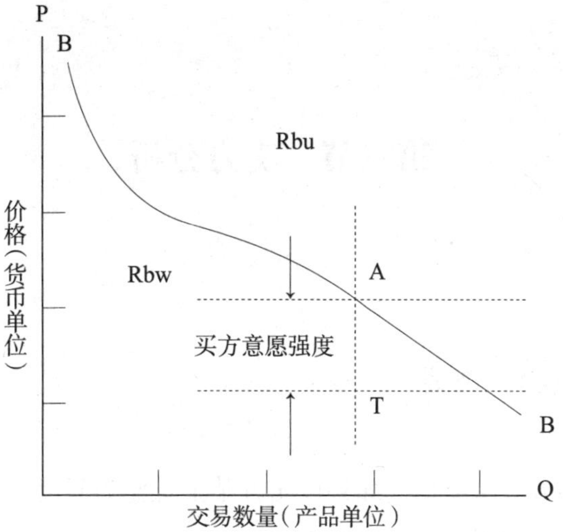

图 7–3　买方意愿强度

显然，买方意愿强度，也就是“相对于买方曲线的价格折扣”。这就是商场里为什么喜欢把每个商品的价格折扣，清楚标注在显眼位置的原因。折扣越大，会激起买方更大的购买欲望。因此，标注价格折扣时，往往都喜欢以最大市场价格为参考值来标注折扣量。

以上 T 点为“成交点”，A 点为“买方划算点”。买方划算点是确定买方做出购买行为“划算”还是“不划算”的分界点。买方意愿强度也可称为“买方划算值”。

第三节 卖方分析

一、卖方曲线

与买方分析类似，如果以卖方某个意愿为假设，如总的利润为零，以形成一条不同销量条件下的曲线。我们把它称为“卖方曲线”。如图 7–4 所示，图中 S–S 即为卖方曲线。

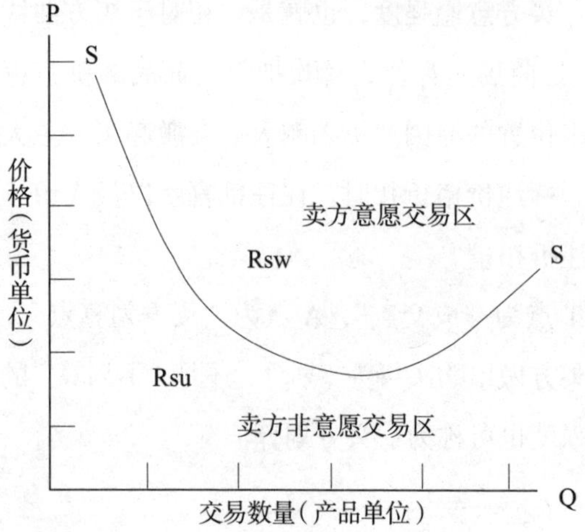

图 7–4 卖方曲线

在卖方曲线上，都是利润为零的点。事实上，它们就是平均成本（MC）线。实际的交易并不一定发生在卖方曲线上。在曲线的上部区域，是卖方意愿交易区 Rsw（Region of seller's willing to trade）。越往上，利润越高，卖方意愿越强烈。

在曲线的下部区域，是卖方非意愿交易区 Rsu（Region of seller' s unwilling to trade）。越往下，卖方对交易越是不情愿。在这个区域并非不可能有交易，但它们会让卖方亏损。

卖方曲线的斜率并不确定。对于卖方分析来说，曲线的斜率一般也都不需要任何特定的要求。

图 7-5 是其他可能的卖方曲线形式：

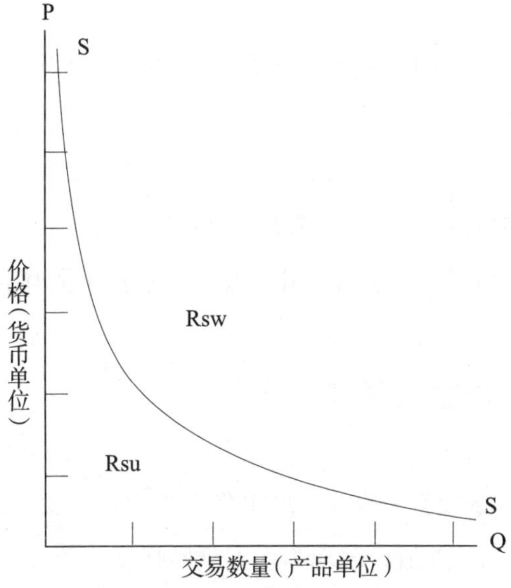

图 7-5　不同形式的卖方曲线

二、卖方意愿条件

卖方曲线也是卖方相应意愿的体现。卖方意愿假设的不同，所对应的卖方曲线也是不一样的。例如，以"成本利润率大于1年期银行存款利率"为意愿，并且假设1年期银行存款利率为3%，则卖方曲线会在以零利润为意愿的卖方曲线基础上，向上移动。移动的幅度为各交易数量相对应处的幅度向上提升3%。

$$成本利润率 = 利润 / 成本 \times 100\% \quad (7\text{–}4)$$

显然，不同的"卖方意愿条件"，或"卖方意愿假设"，就会对应不同的卖方曲线。

因零利润是一个很基本的客观卖方意愿条件，因此，称其为"**基础卖方意愿**"。其他卖方意愿条件，很多都可以表示为相对于基础卖方意愿的某种变化。如某个利润率或利润总额等。

三、卖方意愿强度

设Rsw区域有一点T，过T作一垂线，与卖方曲线交点为A。这两点间的差值，表现为卖方意愿强度。

卖方意愿强度 = T 点的价格 –A 点的价格

它的定义正好与买方意愿强度相反。

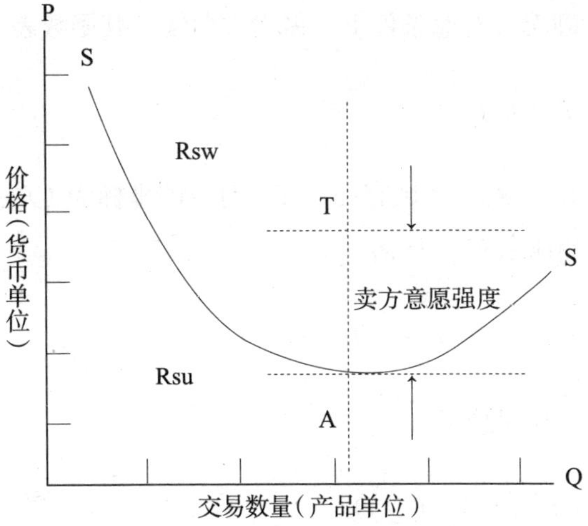

图 7–6　卖方意愿强度

如果 T 位于卖方曲线上方，卖方意愿强度为正；如果 T 位于卖方曲线下方，卖方意愿强度为负。

卖方意愿强度对应于相应交易数量处的单个产品利润额。显然，利润额越大，卖方意愿强度就越高，卖方交易的动力就越大。

四、等成本利润率线和等利润线

在基础卖方意愿条件下，做卖方曲线，其函数表达式为：

$$P^{bs}=f_{bs}(Q) \tag{7–5}$$

假设在其 Rsw 区域有一点 T，对应的坐标为（Pt，Qt）。T 点的成本利润率 Rt 为：

$$Rt=(Pt-f_{bs}(Q))/f_{bs}(Q) \tag{7–6}$$

T 点的利润总额 Bt 为：

$$Bt=Qt(Pt-f_{bs}(Q)) \tag{7–7}$$

以成本利润率 $R=Rt$ 为意愿条件，可以做另一曲线，该曲线函数表达式为：

$$P^{s}=(1+Rt)f_{bs}(Q) \tag{7–8}$$

函数（7–8）可称为过点（Pt,Qt）的“**等成本利润率线**”，如图 7–7 所示，在该曲线以上区域满足“投入产出比更大化定理”。

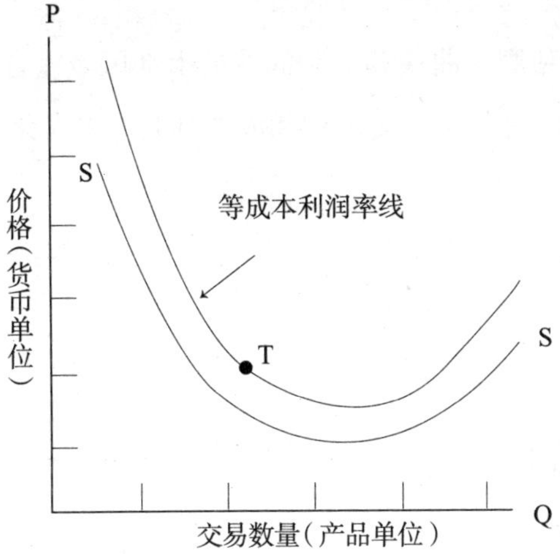

图 7–7　等成本利润率线

以利润总额 $B = Bt$ 为意愿条件，可以再做一曲线，该曲线函数表达式可推导为：

$$B = Q\left(P^{s} - f_{bs}(Q)\right) = Bt \qquad (7\text{–}9)$$

所以

$$P^{s} = Bt/Q + f_{bs}(Q) \qquad (7\text{–}10)$$

曲线（7–10）可称为“等利润线”。在该曲线上方，满足净利润总额更大化定理。

该曲线在 Q 变大时，会趋近于基础卖方曲线；当 Q 变小时，会快速地远离基础卖方曲线。

等成本利润率曲线和等利润线的上部区域重合部分，即同时满足净利润总额更大化定理和成本利润率更大化定理。

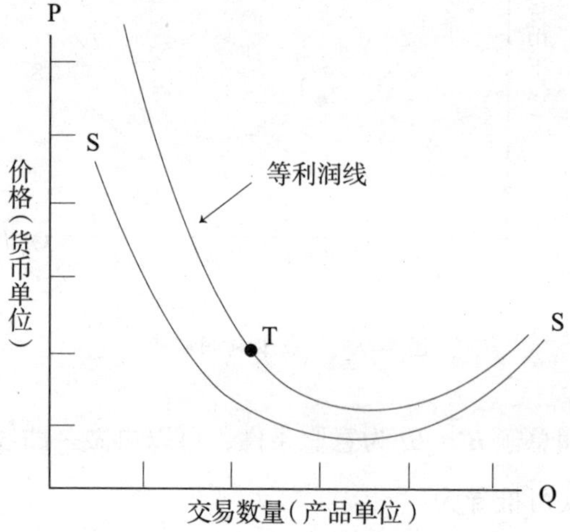

图 7–8　等利润线

为显示清晰方便，我们假设基础卖方曲线为一直线，将等成本利润率线和等利润线同时画在图上，如图 7–9 所示：

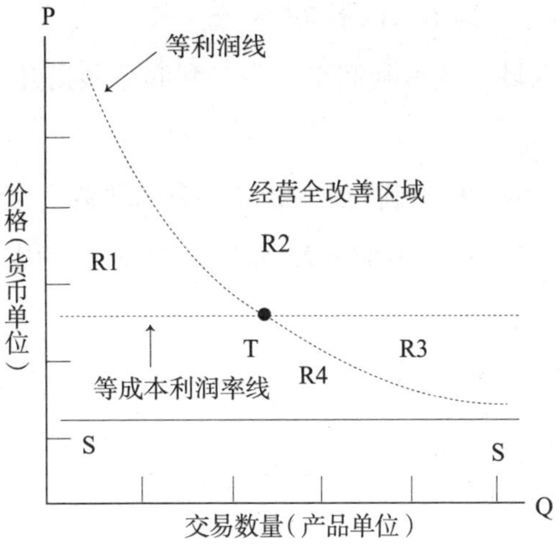

图 7–9　等成本利润率线和等利润线综合分析

以等利润线和等成本利润率线可划分出以下 4 个区域，这 4 个区域与 T 点相比较如下：

1. R1 区域，成本利润率提升，利润总额下降。这个区域的部分改善并不值得推荐。

2. R2 区域，成本利润率和利润总额都获得提升。这个区域因此可被称为“经营全改善区域”，是经营努力的方向。当基础卖方曲线边际成本呈下降趋势，沿着等成本利润率线 T 点右边的边沿上部，向右进行降价促销，才有可能做到价格下降的同时，成本利润率和利润总额都可获得同步提升的效果。否则，降价最多只有可能带来利润总额的提升，而不能带来成本利润率的提升。即落入以下 R3 区域。

3. R3 区域，成本利润率下降，利润总额提升。这是价格战区域。

4. R4 区域，成本利润率和利润总额都下降。失败区域。

另外，R2 + R3 为利润更大化区域；R1 + R2 为成本利润率更大化区域。

第四节　买卖区间分析

一、买卖区间

如果我们将买方曲线和卖方曲线同时画在一张图上，并且假设存在同一数量 Q 时，买方曲线价格大于卖方曲线价格的情况，两个曲线之间就会形成一个区域。这个区域是非常重要的，我们称其为“**常规交易区**”Rct（Region of conventional trade），它是买方意愿交易区与卖方意愿交易区重合的区域。其他买卖双方意愿交易区不重合的区域，称为“**非常规交易区**”Ruc（Region of unconventional trade），如图 7–10 所示：

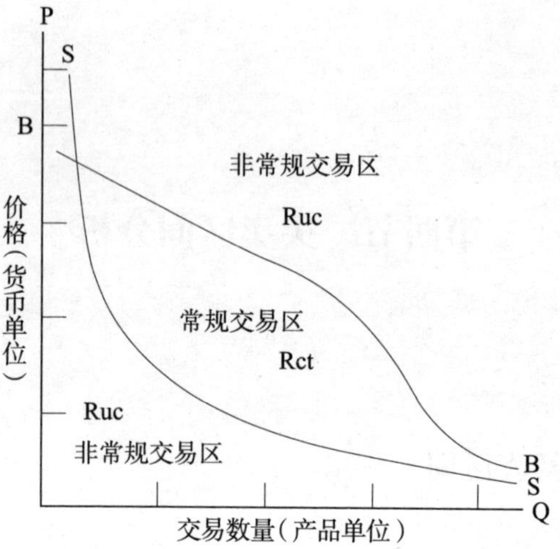

图 7-10　买卖区间分析

根据定义，

$$Rct = Rbw \cap Rsw \tag{7-11}$$

$$Ruc = Rbu \cup Rsu \tag{7-12}$$

二、常规交易区存在定理

设卖方曲线的函数表达式为：

$$P^s = f_s(Q) \tag{7-13}$$

买方曲线的函数表达式为：

$$P^b = f_b(Q) \tag{7-14}$$

常规交易区存在定理。对某一产品，当且仅当存在至少一个 Q，在该 Q 时，$P^s \leqslant P^b$，则满足此条件的产品存在常规交易区。只有存在常规交易区的产品才有可能在市场上有常规交易行为。

推理。如果对所有的 Q，都有 $P^s > P^b$，则该产品不存在常规交易区。

不存在常规交易区的产品不会在市场上有常规交易行为。这个推理看似很简单，但却是一个新产品项目能否在商业上成功的重要判定依据。常规交易区必须是在相同数量下存在 $P^s \leqslant P^b$。如果在一个数量下的卖方曲线价格小于另一个数量下的买方曲线价格，依然不能成功，但却很容易给产品项目论证者制造假象。

常规交易区越宽广，买卖双方发生常规交易的空间就越大，交易就会越活跃，市场力量驱动生产和创新的能量就越大。

三、常规交易区产品路径

利用常规交易区模型，我们可以给出一般情况下，一个产品的整个生命周期在常规交易区里的“飞行轨迹”。

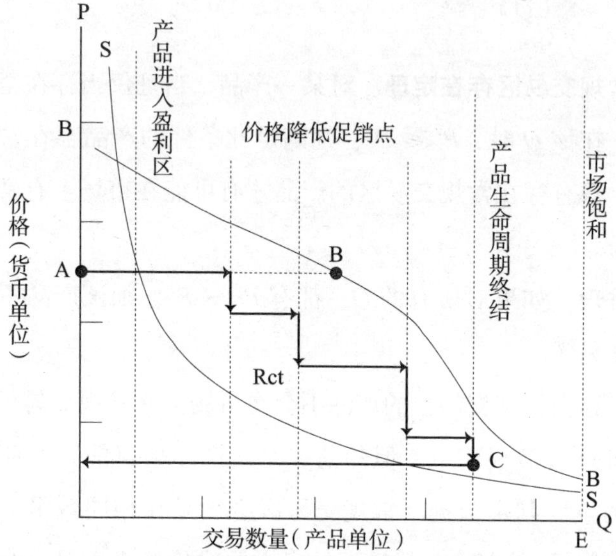

图 7–11　产品以常规交易区为主的飞行轨迹

一个新产品为快速上量打开市场，并非一定要从买卖曲线相交的顶点开始进入市场，而是选择一个可大规模普及的价格点（图 7–11 中 A 点）开始进入市场。由于产品获得客户认知等需要广告、产品传递等过程，市场要达到某个价格的最大销售数量需要一定时间（如从 A 点到 B 点）。如果保持这个价格，产品在从 A 点到 B 点的时间段内，将会以较好的增长速度在市场上普及。但是，在达到 B 点前，其销量增长速度会开始下降。如果等待产品以持续降低的销售增长速度达到 B 点后再采取措施，可能就会给竞争对手留出足够反应时间。因此，厂家会在达到B点之前很早就开始降价促销。

中间经过若干次类似的降价促销，该产品会保持一个较好的销量增长速度持续增长。

但是，任何产品都会有市场饱和的最大容量。如果饱和容量在E点，在达到该饱和容量之前很远的C点，该产品的销量增长速度就会开始不可遏制地下降，即使采取降价、加大广告投入等任何促销方法，也不可能再挽回其最终永久性停止增长的命运。因此，在达到最大饱和点E之前（甚至远在C点之前），厂家就必须采取措施，推出另一个全新的更高效能的创新产品，从类似A点的地方起飞，以保证厂家多个产品加起来的总收益持续增长。当新的一个甚至多个产品销售额足以接替老产品时，厂家就会在C点停止该产品的销售，降价清理库存，使其销售量快速降到0，从而完成整个产品生命周期。

以上就是一个产品生命周期从开始到结束，以常规交易区为核心区域的运动过程，我们把它称为以“常规交易区为主的飞行轨迹”。

它在飞入和退出常规交易区的部分，为其“亏损阶段”或“危险阶段”。

在常规交易区里飞行的阶段，为“盈利阶段”或“安全阶段”。

以上飞行轨迹分析尤其符合创新性较强的IT业、汽车业等现代科技产品发展形态。

如果结合等成本利润率线和等利润线分析，可以研究如何使产品在飞行轨迹降价过程中，尽可能落在R2区域，其次R3区域，而避开R4区域。一旦一个产品在飞行过程中不可避免地落入R4区域，或者，在降价后必然落入R4区域，但随销量增长不能脱离R4区域时，则意味着其生命周期开始进入衰退阶段。

四、买卖曲线交点分析

虽然我们建立的模型完全不需要以买卖曲线有交点为前提，但这并不排除我们可以对买卖曲线有交点时的情况进行更符合实际的描述。

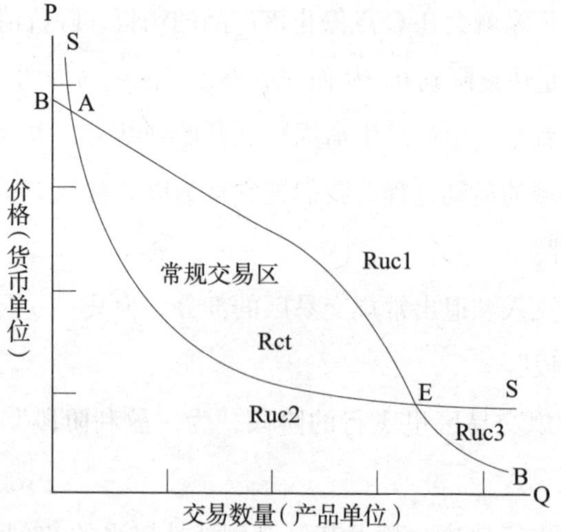

图7-12　卖方曲线和买方曲线有相交的情况

如图 7–12 所示，卖方曲线 SS 与买方曲线 BB 在右边相交于 E 点。卖方曲线在 E 点斜率是正还是负与我们的讨论并无任何关系。在 E 点右边，对任意的 Q，都有 $P^s > P^b$。该部分不存在常规交易区，并且在卖方曲线和买方曲线之间的部分，对双方都是非意愿交易区（图 7–12 中点 Ruc3 所处区域）。

而在 E 点处的价格，是卖方在该供给量情况下可接受的最低价格，同时又是买方能接受的最高价格。因此，价格的任何升高都会进入买方非意愿区，而价格的任何下跌又都会进入卖方非意愿区。因此，在 E 点，虽然有可能存在正常交易，但对供给和需求双方来说都已经没有任何“回旋空间”存在。

供需曲线在右边相交的点一般必定是市场饱和点（虽然市场饱和点并不一定要求有供需曲线的交点存在）。在该点上，产品创新停滞，卖方没有任何利润，买方没有任何幸福和惊喜。因此，这个点是市场的“问题点”，是向一面（左边）运动幸福，和向三面（上、下、右）运动都痛苦的边界点。

如果在 E 点处的卖方曲线斜率为正，买方曲线斜率为负，这就是传统微观经济学研究的基本模型状况。因此，传统微观经济学所假设的公理基础，仅仅是经济运行过程中非常极端的特殊情况，而远不是普遍规律。更重要的是，供需曲线相交的点，是市场饱和点，也是供需双方的交易能量都同时趋于消失，从而是市场之手作用趋于消失的点。因此，它是理性的企业和个人以及整个社会都应当尽早采取措施努力回避的“市场死亡之地”，而不是帕累托最优的均衡点。

两个曲线在左边也很可能会有交点。如图中 A 点。这个点的含义一般是一个新产品要在市场上进入常规交易区的最高价格和相对应的最低销量。一个新产品在市场上有销售并不意味着它成功地“商用化”了，而只有当它可以进入常规交易区后，它才可以凭自身的市场销售长期生存下去。因此，A 点可称为成功商用化启动的“门限点”。只有通过技术创新、降低成本和规模生产等越过门限点，才可以使一种产品在市场上成功普及。

第五节　常规交易区成交价格波动分析

一、划算点

假设某产品存在常规交易区，并设成交点为常规交易区里的 T。过 T 做一垂直线，称为成交量线。该线与买方曲线和卖方曲线相交。

买方划算点。成交量线与买方曲线的交点，称为买方划算点。买方曲线是买方意愿交易与非意愿交易的分界点。因此，买方划算点就是与成交点相对应的买方可买、可不买的点，也是划算与不划算的分界点。因此，一般情况下，划算点是双方各自成交的底线。

卖方划算点。成交量线与卖方曲线的交点，称为卖方划算点。卖方曲线是卖方意愿交易与非意愿交易的分界点。因此，卖方划算点就是与成交点相对应的卖方划算与不划算的分界点。

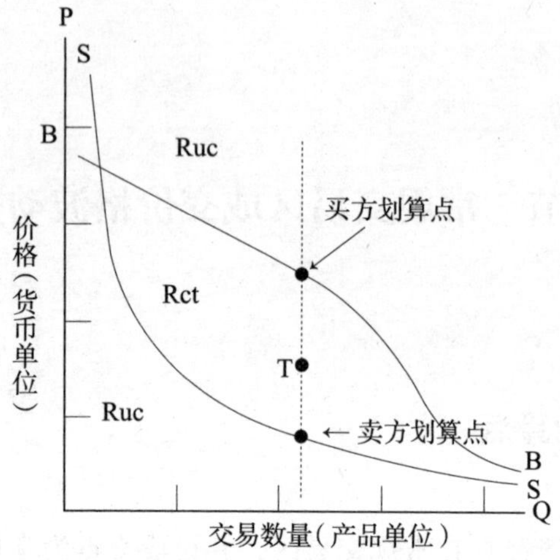

图 7-13 划算点（图中虚线为成交量线）

二、与成交相关的参数

在常规交易区里，成交发生在任何一点都是可以的。那么，对具体成交的位置，是如何确定的呢？为研究这个问题，我们先来引入几个参数：

供给量 Q_s。在特定的时间点上，某一个、多个或全社会上所有卖方，可以提供某产品的最大能力，就是该产品的供给量。它可用“产能”“交货能力”等概念进行测量。

需求量 Q_d。在特定的时间点上，某一个、多个或全社会上所有买方，有预算、有欲望和可能购买某产品的最大量。

成交量 Q_t。在特定的时间点上，实际成交的产品数量。

假设成交量只受供给量和需求量因素的决定，在特定的时间点上，实际成交的产品数量等于供给量和需求量中更小的一个。即：

$$Q_t = Min(Q_s, Q_d) \quad (7\text{–}15)$$

该式被称为成交量定律。

当 $Q_t = Q_s$，这属于卖方市场，求大于供。

当 $Q_t = Q_d$，这属于买方市场，供大于求。

当 $Q_s \approx Q_d$，市场大致供需平衡。

尽管我们不赞成将“供给”与“需求”作为经济学的最基本概念，但现实社会已经有很多人将此概念约定成俗，以表达相对还是比较清晰的经济概念。因此，在这里我们也就尽最大可能地沿用这些概念，不再去定义新的词语。在这里似乎看到了数理经济学供需分析的影子。但需要说明的是，这里的供给量和需求量是全社会的总量。它不是微观经济学，而是表达宏观的经济概念，由此可知微观经济学对概念和事实混淆到什么程度。

三、基于两个划算点区间的价格波动

在过去的经济学研究中，总是希望找到产品价格为什么会在某个点位的解释。各种价值或价格理论无论其观点如何不同，但却都有一个潜在的假设：某个产品有位于某一个点位的价格原因。实际产品价格是围绕这个点位进行波动的。

事实上，这个假设本身就是错误的。产品价格并不是围绕某个点在波动，而是在一个区间内波动。这个区间就买方划算点和卖方划算点所构成的价格区间。买卖是一个交易双方讨价还价的过程。

作为卖方，最大的希望就是把产品价格向上推升到买方划算点，把客户口袋里的钱都掏光。部分情况下甚至还会努力把价格拉抬到买方的非意愿交易区。

作为买方，最大的希望就是把产品价格向下压到卖方划算点，最好是卖方基本不挣钱为止。部分情况下甚至还要占一下卖方亏本大甩卖的便宜，在卖方划算点以下淘到便宜货。这就是卖方划算点成为企业高度商业机密的原因所在，只要客户清楚知道了这个点位在什么地方，不用怀疑，他们一般情况下都肯定会照着这个点位死砍到底。

最后实际产品价格形成过程，就是交易双方基于划算点区间的讨价还价过程。实际成交的价格，就取决于买方和卖方价格竞争的结果。因此，是交易双方的综合价格竞争力决定了产品最后的价格处于这个区间的什么位置。

当卖方价格竞争力更强时，卖方占主动，价格就会向上走，朝买方划算点移动；当买方价格竞争力更强时，买方占主动，价格就会向下走，朝卖方划算点移动。就像踢足球一样，当一方控球，就会把球拼命踢向另一方的球门；反过来也一样。双方的球门，就是各自的划算点。因此，我们就会看到，很多时候产品价格是在一个很大的区间大幅度地暴涨暴跌，而不是像数理经济学中的供需曲线均衡点分析那样温柔和线性地变动。

正因为过去所有的经济学研究一直都没搞明白，产品价格是在两个划算点之间波动，因此也就一直无法找到产品价格形成的真正原因。

决定价格竞争力的多种因素：

- 供给量与需求量的多少。
- 价格谈判能力。
- 交易策略偏好。
- 双方各自竞争者的状况。
- 信息充足程度。
- 其他各种权力介入价格话语权。如：政府强力、强盗的强力、法律制约、条约限制、垄断等等。
- 不同价格偏好的影响。

因此，决定价格的竞争力因素是多种多样的。我们仅以价格偏好为例，即可说明影响价格因素的多样性和差异性。这种价格偏好是指某些国家或民族对交易的某一方面有特别的偏好，从而深深地影响了交易行为。例如，我们可以印度人、中国人和欧美人三种非常典型的偏好来说明。

印度人对以更高价格买到产品有极端偏执的恐惧和耻辱感。因此，这促使印度人发展大量非常极端的砍价能力和方法。例如，一些采购手机的运营商，为了获得更低的价格，竟然可以去把手机所有配件和开模的价格全都调查清楚，以此为基础，仅加上一个很少的加工费作为供货商报价的商务条件。这表明，印度人希望价格打到卖方划算点附近，保证不再有降价行为时，才会放心地购买。为了极力避免以更高价格买到产品，甚至会把一些采购计划拖延很长时间。而询价过程本身消耗掉的成本，甚至都已经远远超出因获得产品低价带来的好处。

中国人对订单丢失有很大的恐惧感。尤其订单丢失给主要竞争对手时，这种恐惧感会达到很夸张的程度。因此，这会使他们倾向于成交偏好，宁可向客户提供贴近卖方划算点的价格，也不愿意让订单丢失。

欧美则更多要求产品效能的稳定可靠，对产品失效或造成危害有恐惧感，对产品价格相对并不太敏感。

四、以供需为主的价格竞争分析

如果我们先忽略其他价格竞争决定因素，只假设决定价格的竞争因素为供给量和需求量的多少。由此可以讨论供需变化对价格的影响是如何体现的。

根据（7–15）的成交量定律，当 $Q_t = Q_s$，求大于供。此时卖方占有价格话语权，价格向上趋向于买方划算点。价格呈现涨势，甚至暴涨。

当 $Q_t = Q_d$，供大于求。此时买方占有价格话语权，价格向下趋向于卖方划算点。价格呈现跌势，甚至暴跌。

为了获得以上规律的测量数据，根据单因果特性，我们最好能找到供给量与需求量之一能够固定，而另一方高度变化的情况，以此来获得相应的测量数据。有两类行业非常符合以上单因果要求：

一是供给量相对固定，需求量在每个年度内随季节高度变化的情况。符合这种情况的有航空、酒店等行业。航空和酒店等行业的供给量无论提升还是下降都非常困难，而需求量却会在每个年度内随旅游旺季和淡季的到来而高度变化。在这种情况下，就很容易出现需求量大于或小于供给量的情况。我们可以看到，随着需求量大于供给量的旅游旺季到来，航空和酒店的折扣就会变得很少或几乎没有折扣，甚至要加价；而当旅游淡季到来时，价格就会暴跌。在这种情况下，价格的变化很难轻易驱动供给量随之变化，因为两者的变动周期相差太大。

另一个是需求量相对固定而供给量在每个年度内随季节高度变化。符合这种情况的有某些难以储藏的农产品，如新鲜瓜果等。这些产品每年有固定的，甚至很短的上市时间。在产品上市时，供给量暴增；而错过甚至远离上市季之后，供给量又会暴跌。目前因反季节生产技术的发展，这种情况有所缓解，但农产品的季节性依然存在。如果不能有效储藏，供给量的暴增暴减就是难以回避的事情。但是，人对食物的消费量是大致一定的，不会在农产品大量上市季节吃个够，而后几个月，甚至半年时间不再吃了。

一些动物为适应植物的这种生产季节性，的确发展出了季节性的进食习性，它们会在植物生产高峰期大量进食，而后以进入冬眠来应对没有食物的季节。但人类没有这种能力。

随着供给量的暴增暴减，相应的产品价格也会随之暴涨暴跌。

以下我们深入分析一下，供给量大于需求量时，为什么会导致价格不断轮番下降。

假设有 10 个供应商，总的供给量为 Os，总的需求量为 Q_d。如果供给量大于需求量，会有一个超供缺口 $Os = Os - Q_d$。假设这个超供缺口被所有供给厂家均分，每个厂家超供缺口为 $Os/10$，这可能并不是一个太明显的问题。但是，如果有一个厂家降价，并且假设其因降价带来分担 Os 的减少，销量的增加，前后利润一致，甚至增加。从而，这个厂家通过降价就可以不用去分担超供缺口，*Os* 就会从原来 10 个厂家分担，变为剩下的 9 个厂家分担。

剩下的 9 个厂家就会面临两个决策：

一是也进行同样的降价，从而自己的供给满负荷实现。

二是如果坚持不降价，那么就要承担比过去更多的供给减少量，从 *Os* / 10 增加为 *Os* / 9。

两个决策之间的差别是超供缺口相差 *Os* / 9，而不是 *Os* / 9– *Os* / 10。

这样就有可能带来第二个厂家跟随降价。

一旦如此，剩下的厂家面临的超供缺口就会不断增长。降价的压力就会越来越大。这个过程会不断进行。但当所有厂家都降价后，如果降价不能使总的消费量增加补足超供缺口，情况又回到开始时的状态，超供缺口还是存在。新一轮降价又会开始，由此价格持续暴跌，甚至到最后全行业亏损。按数理经济学的逻辑，价格减少后供给量就会减少，但事实上很难如此，一个产品及相应行业的产能不是说降就能降的，它存在非常大的刚性。一旦供给量超过需求量，即使价格降低很多，供给量在相当长时间内几乎不会有变化。因此使供给量超过需求量的状况，一直持续到全行业亏损也少有人退出。而在价格下降后，人们看到的消费量增长，只是某一些先行降价的厂家销量快速增长了，而总的需求量变化同样是很小的。这个原因在于：

在分析某一个厂家的交易区时，它面对的市场空间是整个社会的市场空间。因此，当这个厂家的产品价格下降时，它的市场空间有可能向右大幅度地移动。但是，对于整个社会来说，产能是众多厂家的叠加，但全社会的总市场容量与分析单个厂家时是完全一样的，并不会有任何叠加。因此，我们在进行全社会的交易区分析时，显然是绝对不可以把单个厂家的所有交易区分析参数，全部简单叠加作为全社会的交易区分析模型的。

五、供给价格弹性的本质

在数理经济学中，试图用“供给价格弹性”概念来表达供需量随价格变化驱动自身变化的能力。所谓供给价格弹性，其定义是供给量变动率除以价格变动率。但事实上，这种描述只是一个数学概念而已，并不能清晰地反映问题的本质。

当价格发生变化时，只要能够获得更多利润，任何产品的卖方都巴不得马上改变供给能力，去获得更多利润。之所以不能做，不是因为他们不想，而只是因为相应的产品供给量变动存在技术难度。这个技术难度主要体现在变动周期参数上。

如果需求量的变动周期，长于供给量的变动周期，那么供给量适应需求量的能力一般就不会有问题。

如果需求量的变动周期短于供给量的变动周期，那么供给量适应需求量的能力一般就差一些。供需间变化的周期相差越大，供给量的适应能力就越差，而非它们的弹性不足。因为当价格上升信号刺激供给量增加时，很长时间内供给量可能难以增加，因此价格会持续暴涨。但因价格的持续暴涨刺激了很多供给能力的建设，因此到了供给量变动周期的临界点时，会发生大量供给能力瞬间暴增，其弹性远远超过价格刚刚开始上涨的时候。

如果单纯从卖方需求来说，一切产品的卖方都是一样的，他们都希望在价格上涨时尽快提供更多产品以获得更多利润。之所以没有，不是不想，只是不能。如果在技术上可大大缩短供给量的变动周期，那么供给量随价格变动的速度（或弹性）就会完全不同。并且，由于供给量变动的延时，在不同时间点上，供给随价格变化的变动量也是完全不同的。

如果一些供给量没有做出相应的变动，则是由相应产品或行业特点所决定的。如旅游行业，酒店和航空供给能力就很难单纯地依据某一个时点的需求量来确定供给量，否则就必然会造成在淡季的大量能力过剩。

因此，与其研究供给价格弹性，不如研究供给能力变动周期和成本以及相应行业的需求变动周期等技术指标更为有效。

第八章

异效能条件下的买卖

在异效能条件下，买卖曲线和图表分析与等效能条件下有所差异，但很多分析方法通过一定的变换依然可延用。

第一节　效能改变对买方的影响

一、对买方曲线的影响

产品效能改变首先会对应着产品本身技术性的变化。同时，效能的改变也可以是产品包装、营销方式和售后服务的变化，而不仅仅是产品内在技术的改变。产品的效能是为满足买方的欲望，因此，可以改变买方欲望满足的一切产品或服务改变，都属于效能改变。

当效能发生改变时，往往对应着价格和成本的变化。产品的生产成本对买方来说是看不到的，但买方却会清楚地看到价格的变化。因此，效能的改变对于买方来说，就是满足度和购买成本很可能同时发生变化情况下，对应的一个决策问题。无论如何，只有总体来说满成比可以有所变化，才能使买方的行为发生相应的改变。而当买方的行为发生改变时，就会对应着买方曲线的移动。

买方曲线上（见图 8-1）的任何一个坐标点（P, Q）事实上对应着两个极限：

一是可接受价格 P 的买方最大数量为 Q。

二是数量为 Q 的买方可接受的最高价格为 P，也就是此数量对应的买方划算点为 P。

买方曲线的改变，意味着改变了这两个极限。从 P–Q 坐标来看，买方曲线的任何改变，无非对应着沿价格纵轴的上下移动和沿数量水平轴的左右移动。这两个移动具有不同的含义。

二、曲线移动的含义

买方曲线的移动从数学上可以分解为上下移动和左右移动。即使单纯的曲线上下移动，也会同时带来左右位置的变化。

1. 上下移动的含义

买方曲线上下的垂直移动，对应着买方划算点的变化，而这个改变相当于常规交易区空间大小的改变。当买方曲线向上移动时，意味着买方划算点提升，常规交易区空间扩大。根据满成比更大化公理，要实现这一点，需要产品效能的改变在提升满足度上超过价格的提升，才能支撑相应的买方曲线向上移动的距离。

有时，效能的提升如果不足，能维持买方曲线不下降就不错了。这是因为竞争厂家或产品的效能在提升。

2. 左右移动的含义

买方曲线左右移动，从水平方向看来，是相同价格情况下对应的最大数量发生了改变。如果曲线向右移动，意味着相同价格水平下愿意购买的客户数量增加。意味着市场潜在空间的扩大。

图 8–1 是假设买方曲线形状没有变化的情况下，只是位置发生了改变。这样，原来买方曲线上的一点（P，Q），在垂直方向上对应新的点（$P1,Q1$），在水平方向上对应新的点（$P2$，$Q2$）。根据假设，$P2=P$，$Q1=Q$。

在数理经济学里，是用价格弹性概念来分析价格变化与企业的经营策略关系。价格弹性定义为，数量变化的百分比与价格变化的百分比之间的比例。即：$|(\Delta Q/Q)/(\Delta P/P)|$。

一般价格弹性采用绝对值来表示。但是，因为价格弹性仅仅反映价格与数量的关系，却并没有反映利润概念，因此，它并不能作为企业决策真正有效的参考。

我们现在来研究这样一个问题，当价格发生变化时，企业如何决策才能使利润状况更好？

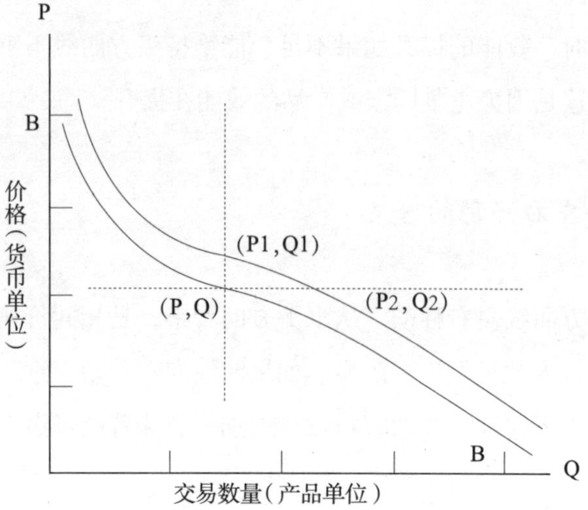

图 8–1 买方曲线的移动

在卖方总方程 $B = Q \times (P - C)$ 中，为简化讨论，假设成本 C 不变，为一常数。当价格发生变化时，相当于研究 B 的微分特性。

$$dB = d[Q(P-C)] = (P-C)dQ + QdP \qquad (8\text{–}1)$$

设 $dB > 0$，并假设 $P > C$，则有：

$$(P-C)dQ + QdP > 0 \qquad (8\text{–}2)$$

整理上式可得：

$$dQ/Q+dP/(P\text{-}C)>0 \quad (8\text{-}3)$$

在价格弹性理论中，是认为 $|(\Delta Q/Q)/(\Delta P/P)|=1$ 为单位弹性。但是，根据以上利润为基础的分析表明，在价格变化的弹性分析中，对卖方来说，需要用利润相对变化值，而不是用价格相对变化值来分析更为有价值。我们可以把 $|(dQ/Q)/(dP/(P-C))|$ 定义为“**利润弹性**”。

如果卖方曲线斜率为负，因此 dQ 和 dP 的符号是相反的。这样，要满足（8–3）式的不等式，需要使该式左边数量相对变化量 dQ/Q 和利润相对变化量 $dP/(P-C)$ 中绝对值更大的一个为正，而绝对值更小的一个为负。

因此，如果 $|dQ/Q|>|dP/(P-C)|$，即 $|(dQ/Q)/(dP/(P-C))|>1$，可认为是富有弹性。就应使 dP 为负，dQ 为正。即应采用降价，由此走薄利多销策略。

同理，如果 $|(dQ/Q)/(dP/(P-C))|<1$，就应当使 dP 为正，dQ 为负。即采用提升品质和品牌，并提升价格，走高端路线策略。

如果 $|(dQ/Q)/(dP/(P-C))|=1$，$dB=0$，此时无论提价还是降价对利润都没有影响，不应改变价格策略。

当然，价格弹性分析也是有价值的，它主要是对买方的预算执行策略分析更有意义。而利润弹性分析对卖方更有价值和意义。基于买方曲线的价格弹性定义是 $|(dQ/Q)/(dP/P)|$。这个定义与数理经济学的定义是一样的，只不过它基于的是买

方曲线，而不是需求曲线。

需要指出的是，以上无论是价格弹性还是利润弹性，其分析都是以买方曲线为基础。买方曲线仅仅是常规交易区的边界，而不一定是实际发生交易的位置，因此，其分析所得出的结果只是一个潜力分析，而不一定就是实际发生的交易结果分析。只有在这个意义上，我们才能理解价格弹性和利润弹性分析工具。

三、产品的品种与门类

在此之前，我们认为买方曲线仅代表了效能相同的单一产品特性。但事实上，无论对于买方还是卖方来说，他们在进行交易时并不是要绝对去定义或维持单一产品的品种。对买方来说需要的只是需求的满足，对卖方来说只是要获得更多差价。因此，无论是买方还是卖方，他们往往会把同一类产品放在一起进行交易决策的分析。例如，买方去购买汽车时，并不关心品种是什么，他们只是关心自己所需要的效能和价格。

生产厂家为满足买方的需要，并且同时兼顾自己的利润状况，他们会针对购买力和需求不同的买方，开发不同价位的产品。这被称为产品的不同“档次”。不同档次的产品虽然价格可能相差很大，属于效能不同的品种，但它们可归属为同一门类的产品。

汽车有豪华型、商务型、家用型、微型车等各个层级。而在每一个大的层级上，还会分出旗舰型、豪华型、经济型、入门型等系列化的不同品种。大致来说，一个大的产品门类可以形成大致连续的，从低端到顶端的产品系列。事实上，我们可以把一个大的产品门类，看作与一个品种类似的集合对象，来建立其买方曲线。

这样建立的买方曲线，其区别是斜率会比单一品种的产品陡得多。在左边，产品价位可以非常高，而在右边的低端，产品价位可以非常低。如图 8–2 所示。

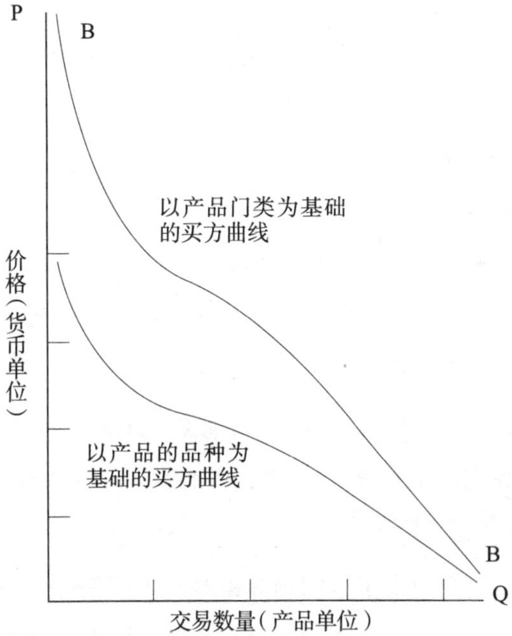

图 8–2　以产品门类为基础的买方曲线

四、替代与互补

数理经济学存在“替代品”与“互补品”的分析。

“替代品”的定义是：如果两种产品功用相同或相近，可以满足消费者同一需要，那么这两种产品就是替代品。事实上，一个大的产品门类里的产品，相互之间都可称为是数理经济学所说的“替代品”。

互补品的定义是：如果两种产品组合在一起才能满足人们的某种需要，这两种产品就是互补品。例如汽车与汽油，一旦购买了汽车，如果没有汽油是没用的；买了电视机，缺少节目是没有用的；买了电冰箱，缺少电是没有用的……这些都是构成互补品的例子。

在数理经济学的消费理论中，也使用两个产品构成的“无差异曲线”来定义替代品与互补品。

互补品的无差异曲线，是与代表两个产品的水平和垂直坐标平行的线构成垂直线。

替代品的无差异曲线，是一条倾斜的直线。

此处我们将通过预算角度，对替代和互补给出一个新的讨论。

上一章我们指出了，因预算策略的不同偏好，带来了产品价格变化时，会有 3 个不同类型共 6 种不同方向的数量效应。事实上，无论是产品的效能还是价格发生变化，对买方来说最重要的影响是对预算的影响。而在这个过程中具体产品是次一级的问题。因此我们只定义替代和互补，而不是去定义替代“品”和互补“品”：

替代。如果不同产品竞争同一项目预算，我们就把这个预算执行的过程称为“预算替代”，或简称“替代”。我们想强调的是，互相替代的产品很可能是替代品，但并不一定适合如此称谓。例如，一个人计划在某个假期做出5000元预算安排。他可能用这笔钱去旅游，也可能用这笔钱购买一台电脑，还可能与家人一起去吃一顿高档的美食……旅游、电脑、高档美食……这些完全不同的产品都在竞争同一笔假期预算，但它们之间很难说是“替代品”。替代品之间可能会发生替代过程，但有替代过程的未必是“替代品”。

互补。如果不同产品会一起去竞争总预算，就称为“预算互补”，或在不引起误解的前提下简称“互补”，也可称为“配套消费”，或意义更准确的“带动性消费”等。互补品会引起带动性消费，但带动性的消费未必是互补品。例如，很经典的一个带动性消费案例是看电影时往往配套销售爆米花和饮料。爆米花和饮料对看电影并不是互补品，看电影并不是一定要吃爆米花和喝饮料，但电影消费对爆米花和饮料的确有很强的带动作用。因此，吃爆米花对看电影是带动性消费，但它们之间并不能称为“互补品”。

现代之所以发展出大型“Shopping Mall”的商业形态，

就是充分利用带动性消费扩大客户的消费量。在这类大型“Shopping Mall”里，并不仅仅有超市、服装等消费品，也包括大量餐饮、电影、游艺、健身馆等众多消费和服务项目，甚至还有溜冰等大型运动娱乐类项目。客户在这里可以方便地获得非常多的消费，尽可能充分地形成相互带动的效应。

五、再论无差异曲线

因为前面已经阐明的“效用”这个概念本身存在的问题，无差异曲线因此也会受影响。不过，无差异曲线理论相对来说是一个独立性比较强的理论，虽然它以效用概念为基础来定义，但在相当程度上可以不依赖于“效用”概念的定义。如果单纯地从效能角度，或单纯地从满足角度来定义，同样可以形成无差异曲线。例如，从食物中获取特定营养（如某种蛋白质）角度看，的确可以研究获得一定量这种蛋白质的要求下，两种不同食物的不同数量等价组合。这些不同的数量组合，对于获得相同量的蛋白质摄入来说，可以构成一个“无差异曲线”。从这个角度的研究，也是可以获得非常客观和可靠的测量结果的。

如果从满足感的角度来说，困难会比较大一些。不过也不是不可能做到。因此，无差异曲线理论在重新界定是以效能还是以满足为前提的条件下，依然是可用的。

从更严格的理论层次上来说，无差异曲线基于消费者偏好理论和偏好理论相应的公理假设。因此，无差异曲线的适用性，也就取决于偏好理论的基本假设是否成立。偏好理论的基本设想是，消费者对于不同消费束（两个或多个消费行为的选择集合，这些产品选择之间有一定比例关系）之间的满足程度是可比较的。因此，如果消费者不能比较不同消费束之间的满足程度，无差异曲线就无法适用。一般来说，越是相近效能的产品，其可比较性越强，甚至可引入纯客观的效能比较，以建立非常严格的无差异曲线。而效能差异越大的产品，其可比较性也就越弱。

无差异曲线并不去解决如何判断两个消费束之间哪个会给消费者带来更大满足，或它们没有差别。这个理论只是解决在消费者自己可以做出判断的前提下，会有什么结果。尽管没有充分和明确的说明，但数理经济学一定程度上是倾向于认为，无论是买方还是卖方，他们是理性的，有足够理智解决自己的决策问题。经济学家要做的只是用数学工具描述他们的行为，并以此证明什么事情都别管，自由的经济过程本身就能最佳地解决所有问题。而事情的关键往往就在于，消费者对于选择可能会无所适从。如果他们清楚该选择什么，问题就简单了。

在这一点上，美国的管理学家科维提出著名的“时间四象限法”，以此建立工作优先级的理论却可以对此提供很好的参考补救。这个法则用纵轴代表紧急程度，横轴代表重要程度。

其确定的优先级顺序是：第一象限，重要而紧急；第二象限，重要但不紧急；第三象限，紧急但不重要；第四象限，既不重要也不紧急。通过科维的四象限法则，可确定工作中需要去投入的时间资源。

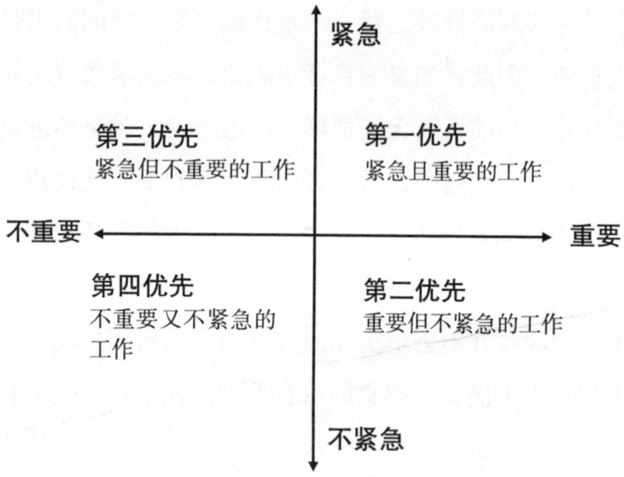

图 8-3 科维的“时间四象限法”

将这个法则做简单改造，即可用到消费领域，以有效指导人们确定满足度的优先级顺序和满足度差异。工作变为产品，投入的资源由时间变为货币。

重要，代表对自己影响重大又长远的需求；紧急，代表时间上需要尽快满足。满足程度的顺序也应当是符合四象限法则的：第一优先，重要而紧急，满足程度最高，需要投入主要货币；第二优先，重要但不紧急，满足程度次之，需要投入货币购买；第三优先，紧急但不重要，满足程度很一般，可买可不买；第四优先，既不重要，也不紧急，可能不仅不会给人带来正向的满足，甚至可能为负，尽量不买，钱实在无处花时，偶尔少量为之。

另外，以数学工具来研究无差异曲线，曲线上的点是消费束不同数量比例关系的变化。如两个产品 X1、X2，它们是无差异曲线上不同的点，代表了不同比例关系的 X1、X2 消费满足程度是无差异的。而现实生活中往往是要在两组消费方案中去选择，选择了其中一种，就必须完全放弃另外一种方案中所有产品内容。例如，就算是选择在某个时间确定长度的假期去旅游，有两个可供选择的旅游目的地，你去了一个地方，就无法再去另一个地方，而不是在这两个地方玩的天数不同比例的选择。或者，如果你把假期预算的钱买了一台电脑，就再也没有钱出去旅游了，而不会是在买电脑的数量和出去旅游天数不同比例关系之间进行比较。在这种情况下，也无法形成无差异曲线。不可分拆的单一产品价值越高，越是容易形成这种非此即彼的消费选择情况。因此，越是那些低价值的、可分拆的、数量变化可对应满足度变化的产品，越容易适用无差异曲线来分析，如单位价值较低的食品等。

即使是在满足度上不可比较的不同消费束，在预算约束上依然有同等强度的相互关系。例如，你无法比较这个周末花 5000 元买一台电脑和出去旅游哪一个满足度更高，但能花多少钱却是非常清楚的。选择哪一个消费束会节省预算，而另一个会超支，超支多少，这些与满足度是否可比较并无任何关系。因此，以预算偏好角度来进行研究，会具有更广泛的适用性。因为大多数只要是可满足的消费行为，对消费者来说满足度大小并无太显著的区别，但预算花掉多少却是非常清楚的。所以，人们的消费行为更多是由预算决定，而不是由满足度差异决定。这就是所谓的"量入为出"。预算偏好对消费者的影响，比以满足确定的偏好影响要大得多。

第二节　效能改变对卖方曲线的影响

一、对卖方曲线的影响

对卖方曲线来说，效能改变直接影响成本。一般情况下，效能提升会带来成本上升；效能下降会带来成本下降。

1. 效能上升所带来的成本上升原因在于：

（1）增加的研发成本。

（2）增加的更高效能原材料成本。

（3）增加的广告成本。

（4）因价格上升带来可能的销量减少，使规模效益降低，从而使单位产品的平摊成本上升。

（5）其他增加的生产和服务成本。

2. 效能下降带来的成本下降原因在于：

（1）简化效能带来的原材料成本降低。

（2）价格下降带来的规模效益增加，使单位产品成本下降。

（3）其他。

但对这个问题不可简单理解，尤其是产品质量上的改变，对成本的影响是复杂的。如果质量提升，虽然会增加投入，但因后续服务成本的下降，综合成本很可能是下降，而不是上升的。

当成本发生变化时，如果不能同时匹配考虑买方划算点的变化，纯粹只依据产品成本的上升或下降是不足以作为决策依据的。从买卖双方满成比都可以更大化的角度说，产品成本的上升，需要对应产品价格更大幅度的上升；而产品价格的上升，又需要对应买方满足度更大幅度的上升，这样，才有可能平衡产品成本上升带来的营销困难。

如果成本下降，同时效能下降较多，会对应买方划算点更大程度的下降，导致市场价格更大下降，从而更大程度上压缩卖方的市场价格空间。因此，以产品成本降低来降低产品价格时需要非常小心，否则会使市场空间快速缩小。

二、竞争对产品发展的促进

当一个厂家提升产品效能时，它可以采用不同的营销策略来利用自己的产品效能提升：

（1）由于其产品效能提升，从而带来买方划算点的提升，或买方曲线的提升。这样，即使它不提升产品价格，也可因此使自己的产品销量增加，从而增加利润。

（2）少量提升产品价格，同时销量也获得提升，以此获得更多利润。

（3）如果效能大幅度提升，达到极致，远超过市场期望，形成消费狂热，买方曲线升幅会远高于成本升幅。此时，厂家可采用相对高价策略，同时依然可获得销量巨大的提升，从而获得超额利润。乔布斯的产品就是如此。

当一个厂家这样做了之后，因其产品销量的增加会压缩其他厂家的市场空间，这样就会迫使其他厂家只能在如下策略中做出选择：

（1）提供同等效能的产品，从而使用户获得同等的满成比，以应对领先厂家的竞争。

（2）大幅降低产品价格，以使用户感觉满成比上升。但在产品成本不能同时下降的前提下，这样做的结果必然会使厂家的利润率下降，违反厂家的满成比更大化要求。

这样，应对的厂家更多时候必须能够提供同等效能的产品，才有可能应对领先厂家的竞争。而这样做未必会带来利润率的提升。因此，要想在利润率不降低的前提下应对这种竞争，应当是比前面的厂家提供更好的产品效能，或在此同时因科技进步还能提供更低成本。

从以上过程中我们可以看到，如果这样就没完没了，厂家之间就得永远无止尽地提供越来越好的产品。而在此同时，可能产品价格却并无太大提高。其实，这就是市场机制最伟大的力量所在，它可以推动全社会的供应商永无止尽地提供越来越好的产品效能，而与此同时，产品价格却并没有同步提高，以使买方获得越来越大的满成比。

第三节　其他影响

一、价格歧视

价格歧视被定义为基础产品本身并无变化，但通过一些对产品的不同包装，而对不同买方提供不同价格的行为。

较显著的价格歧视一般发生在边际成本几乎为零，而成本主要体现在摊销成本上的产品或服务。如酒店、交通服务等，多增加一个客户几乎不会增加什么成本，但多一个客户就可多一个可摊销成本的来源，从而获得更多利润。这类产品很容易提供价格歧视政策。并且有些价格的差别可以非常高。但汽车、电视机等边际成本很高，摊销成本不高的产品，就很难进行价格歧视。即使有，其价格差别一般也非常小。

之所以要对产品进行不同的包装后再进行折扣，是为避免因此影响正常产品的价格，否则就得不偿失了。

二、劳动供给曲线问题

不同劳动价格，往往对应了不同劳动者的素质和劳动效能。

数理经济学认为，劳动供给曲线是一个向后弯曲的形态。在开始阶段，它满足斜率为正的情况：劳动价格越低，供给量（工作时间越短）越少；劳动价格越高，供给量（工作时间）越长。但当劳动价格增加到一定程度时，劳动者会选择不再增加工作时间，从而收入一定，但却有更多时间去休闲娱乐。从而，劳动供给曲线呈斜率为负的形态。

这个劳动供给曲线显然与事实有很大出入：

劳动价格较低的劳动者，他们工作时间往往更长，因为只有通过更长时间的工作，才能获得更多宝贵的收入。

对大多数白领工作来说，工作时间长度是一个全社会的法律制度。如在中国是 8 小时工作制，这个与工资多少几乎没有什么关系。

从满成比更大化角度说，一些高素质的劳动者，并非因为收入多了就不愿意工作了，而是因为他们会感到在这个收入下，不再值得他们投入更多时间，其满成比不会有提升。如果能够通过创业、得到股票等获得更多的收入，其满成比能够更大化，他们会远比过去更加努力地工作。绝大多数成功者都是整日忙碌的人。

要获得更大满成比，要么增加满足度，要么降低成本。如果满足度不能提升，就只有降低成本投入。如果不能获得更大比例增加的收入，那些高素质的劳动者也就会选择通过减少劳动时间来增加满成比。

而在高科技创新活跃的地区，因为提供巨额的期权等刺激，高收入者的劳动时间可以用“没日没夜”来形容。

当然，从人生的角度来说，一个人的满足是一个较为复杂和多维的问题。例如，人们需要在身心的健康与事业的成功之间做出平衡，而并非简单的劳动时间和收入之间的关系。当劳动者的工资收入增加到一定程度，的确有人会选择更多时间用于闲暇。过度的劳动导致身体健康状况受到不良影响，也会带来负的满足。因此，作为劳动者的满足，与一般作为企业的卖方有所不同，并不仅仅是出卖所得的利润。劳动者，作为劳动效能的卖方，需要平衡以下几个方面的满足：

（1）通过提供劳动的效能获得特殊的利润——各种劳动收入（包括工资收入）。

（2）具有稳定生活支撑的安全感。

（3）通过事业的成功所获得的自尊心满足。

（4）作为消费者的买方，购买消费品或享受各种服务获得满足。

（5）身心的健康和家庭生活的圆满。

因此，作为劳动者的卖方与作为一般产品或服务提供者的卖方在成本核算上会有所不同。一般产品或服务提供者的卖方，其成本主要是财务成本，而作为劳动者的卖方，除财务成本外，还要考虑以上更多方面。

第九章

产品与产业分类研究(一)

产品是贯穿整个经济活动的核心。不同产品具有不同的经济性质，不能简单地用无区别的经济规律去看待它们。按照不同的标准，可以将产品分成不同的类型。

第一节　产品研究对经济学的意义

一、数理经济学中产品研究的欠缺

我们只要简单考察一下任何一门真正科学的学科就会明白，如果不去深入该学科研究对象的细节，对它们分门别类地进行分析，是不可能使这门学科成为科学的。例如，如果不去深入研究各种原子和分子的细节，怎么可能只通过数学公式就明白什么叫化学？如果没有以“域、界、门、纲、目、科、属、种”的分类研究，怎么可能称得上是生物科学？……但是，以往的所谓经济学很容易给人造成一种极端错误的印象，以为经济学可以完全不用深入研究各种产品细节，只用抽象的价格和产品数量就可以把经济学规律研究清楚。这种情况并不仅仅是数理经济学传统如此，政治经济学研究传统同样如此。这是有其内在原因的。

一是以往的经济学家们认为他们的责任和义务只是证明哪

种经济制度更优越，并且自视经济学如此高贵，只是服务于一个国家的最高政府机构去提供经济政策建议，因此，并不愿深入到产品细节分析中去。

二是进行系统完备的产品研究也需要全科型的知识结构，以往的经济学家们客观上也极少具备相应的能力。

三是现实经济中不仅产品种类繁多，而且进化速度远远比生物进化快得多。这会给相应的研究带来更大的困难。

这并不是说以往不存在任何产品研究，甚至相反。在下面会谈到，因海关实务操作、国民经济统计、商场仓库货物排放等实际经济需求原因，学术界、各国政府以及联合国相关部门是存在相当完备系统的产品研究基础的，只是这个工作没有成为经济学研究核心的课题之一。因此，这些工作成果仅仅是满足特定部门的实际需要，并没有被理论经济学家们充分利用和开发。它们仅仅是通过形态上进行的产品分类，并没有去深入研究产品的经济规律，以及它们相互间的内在经济逻辑关系。在过去任何一本经济学理论书籍中，也都找不到专门将产品作为一个核心问题讨论的章节，它们只是零星地分散在其他问题讨论时顺便谈到的。

二、产品研究的目的

1. 学术目的

产品研究之所以是经济学的核心问题之一，原因如下：

（1）产品是一切经济活动的共同核心。一切经济活动都是围绕产品展开的。通过产品使买方的消费需求得到满足，同时也使卖方的利润需求得到满足。它也是交易的对象和内容。

（2）产品差异会决定经济规律的细节不同。不能设想完全用无差别的经济规律就能研究清楚一切产品经济活动的规律。互联网经济的规律不仅与传统产业差异巨大，就是与传统电信业和计算机行业的经济规律相比也差异巨大。

（3）产品决定其生产，产品的差异决定了其生产方式的差异。不同产品的技术特点差异巨大，相应产品生产或提供的方式也差异巨大。仅仅通过最一般的经济规律远远不足以清楚理解各个具体产品及其生产的经济规律。产品与生产都是科学经济学核心的具体研究对象。需要注意的是，尽管这里提到产品的差异会决定生产方式的差异，但实际经济活动中产品与生产之间的对应关系远比这个阐述复杂得多。相同的产品可能会采用差异巨大的技术进行生产，这种情况尤其在考虑节省成本，或技术进步等影响情况下更为常见。例如，因劳动力非常便宜，原来采用机器生产的产品可能转为手工生产。另一方面，相同的生产技术也可能用于生产不同的产品，尤其是自动化的柔性生产线。通过采用标准化、智能化的生产工艺，可能就会增加生产技术的通用性。

（4）对整体经济有决定性地位的产品。不同产品在整个经济活动中的地位有很大差异。某些产品在整体经济活动中占有普遍的和决定性的地位。以往人们在研究经济学时仅仅关注经济体制或制度对整体经济的影响，而远远忽略了：具有普遍决定意义的产品技术进步和普及，远远比经济体制变化对经济发展影响大得多，例如交通、通信、支付等市场基础设施。无论经济学家们如何鼓吹市场经济体制的重要性，都不如“要想富、先修路”“想发达、通电话”的道理更符合经济学最基本的规律。中国的“一带一路”之所以在国际范围引起远超经济学家们想象的影响，原因就在于它关注的主要不是经济体制，而是在经济活动中占据决定性意义的特定产品。道理其实很简单，经济体制只是影响市场环境的因素之一，但更为重要和关键的因素是交通、通信等基础设施，这是中国经济成功证明的最重要规律之一。

经济学不能将产品作为无差别的，只体现价格与数量的抽象物，而必须将产品的差异作为经济学最具活力和最能体现科学性的研究对象。产品研究提供了从最一般的经济学理论，到逐步深入细化建立起与每一个具体经济对象逻辑联系的桥梁。以往的经济学正是因为缺乏产品研究，从而与实际经济活动高度脱节。

2. 实用目的

要想成功地经营任何一个产品，必须要对该产品的一切特殊经济规律拥有深刻的认识。这个工作本来应当是经济学重要的课题之一，但是现在往往只能通过企业家个人的周围人群的经验，以及企业家个人的天赋去领悟。这是创业只能依靠大量代价极为高昂的失败来积累经验的原因所在。现在绝大多数学科领域，最杰出和优秀的专业人才基本上都是通过系统学习该学科理论知识而出现的，但在企业家领域，至今还没有一个学科承担起这样的职能，而这本来是经济学应有之责。科学经济学不仅要使优秀的企业家获得一般性的管理和营销能力，而且要使他们能够通过系统的学习，精通任何一个产品的特殊经济规律，以及全新创造的产品和行业的特殊经济规律。

第二节　对以往产品和产业研究的总结

一、马克思两个生产部类理论

马克思在《资本论》第二卷第十九章“前人对这个问题的阐述”中将他所称的“社会年生产物”分为两类，也叫“部类”，第一生产部类是生产手段，第二生产部类是消费资料。并且指出“这二者必须分别处理”。他在做出这个概念总结时显然是继承了亚当·斯密在《国民财富的性质与原因的研究》一书中对“固定资本”和“流动资本”等问题的论述。亚当·斯密所讨论的这两个概念在今天分别以财务或会计记账中的“固定资产”和“流动资产”两个概念来体现。

需要提示一下的是，两个部类的产品都是仅指实物产品，而并未包含非实物的服务类产品。

进行这种划分和分析的目的是要得出“生产资料的生产优先增长”的结论。但是，随着经济越来越发展，产品种类越来越多，这种过于简单的产品分类显然难以清楚理解经济运行过程中不同产品间的复杂关系。

二、产业结构理论

所谓产业结构，不仅关注不同的产业，而且更关注它们相互之间的关系。即各个产业在社会经济中所占比重，消耗的资源，经济发展过程中劳动力在不同产业间转移的规律等。要理解产业以及产业结构，先要理解产业与产品之间的联系和区别。

1. 与需求的关系

产品：目的虽是满足特定需求，但任何具体产品都取决于最具体的细节技术。

产业：技术发展阶段会决定产业形态，但更偏向于需求侧。如互联网技术、高铁技术等的出现会带来全新的产业形态，但互联网在产业本质上属于通信产业，高铁本质上属于铁路交通产业。

2. 进化速度

产品：任何细节科技的进步都可能带来产品的进化。因科技进步的速度越来越快，产品进化和换代的速度也越来越快。

产业：只有大的跨代科技进步，以及重大的创新才会导致产业的进化。一般细节和改进性的产品创新不会对产业带来显著影响。

例如，一种新设计的面包就会带来一种新的面包产品品种，但从产业角度来说这种改变基本可忽略不计，它不仅还是属于餐饮业，而且即使在最细分的产业类别上也不会带来变化。对旅游业来说，高铁的出现只是客流更快更多了一些，并不会带来旅游业本质性的改变。未来只有太空运载工具技术出现巨大的革命性突破，才有可能出现全新的太空旅游业、太空采矿业等新兴的产业。

3. 与分工的关系

产品：代表了分工的中间层次。市场上的交换只能以产品为最基本单位，而分工可以深入到产品生产的内部，更细节的分工会一直延续到产品生产内部的每一道工序或岗位。企业内部岗位的分工是以企业组织特殊形式实现的交换。

产业：是社会分工的宏观体现。因此，产业分工、产品分工、生产岗位分工是分工的三个不同层次，分别对应宏观、中观和微观。从经济层次来说，产业又介于宏观经济与微观经济之间，属于中观经济。因此，可以分为宏观经济、产业经济、企业经营三个层次。

尽管如此，切不可认为产业是一个单一的层次，它可以通过分类学中最一般的树形方法进行多级的分类。从较为宏观的角度来看，经济学家们往往用三次产业来进行最粗略的分类和研究。

三、投入产出法

产业结构研究中一个很精致和有用的方法，是俄裔美国经济学家华西里·列昂惕夫（Wassily Leontief，1906–1999）发明的投入产出法。这种方法在理论原理上是瓦尔拉斯的一般均衡模型。投入产出法是避开了这个宏大的一般均衡方程的求解，采用表格的方法去直接统计经济体中各个产业（或叫部门）所有投入的产品和产出的产品。这个表格的最大价值之一，是可以很方便地计算任意不同产品之间的数量关系，甚至一定程度的相关性，如直接消耗系数（direct consumption coefficient）、间接消耗系数（Indirect consumption coefficient）和完全消耗系数（complete consumption coefficient）。

1. 直接消耗系数。是指某一产品部门在生产经营过程中单位总产出直接消耗的各产品部门的产品或服务的数量。

2. 间接消耗系数。是指某一产品部门在生产经营过程中单位总产出通过直接消耗的产品而间接消耗的更上游产品或服务的数量。

3. 完全消耗系数。是指某一部门每提供一个单位的最终产品，需要直接和间接消耗各部门的产品或服务数量。

这些系数在一定的技术和管理条件下变化是相对较小的。因此，通过这个方法计算所得到的各个系数可以具有这样的价值：当统计了某一个产业的产品数量之后，可以通过这些系数估算出其他产业的产品数量，甚至整个宏观经济的状况。例如，人们时常谈到的以发电量的数据来估算或校正 GDP 的数据等，就是投入产出法的典型应用之一。

当然，因为技术、管理和市场状况会发生变化，利用这些系数的估算会存在一定的误差。技术或市场变化越快、越大，时间跨度越长（如用多年前的系数去进行估算），这个误差可能就会越大。

四、三次产业理论

产业分类是多层级的。从最高一层来看，直到目前普遍认为的还是分为三次产业。这个理论一般认为是由新西兰奥塔哥大学教授、英国经济学家 A. 费夏，曾在澳大利亚政府部门任职十多年的英国经济学家 C. 克拉克等人创立的。1935 年，费夏在《安全与进步的冲突》一书中从经济发展史的角度系统提出了“三次产业”的概念。他把人类生产活动分为三个阶段。

第一个阶段是农业和畜牧业，也就是第一次产业。第二个阶段是采矿、纺织、钢铁等工业生产，也就是第二次产业。第三个阶段是旅游、娱乐服务、文化艺术、保健、教育和科学、政治等服务产业，也就是第三次产业。三次产业的划分方法很快被澳大利亚和新西兰两国用于国民经济的统计工作中。

在配第、费夏等人工作的基础上，C. 克拉克在 1940 年出版《经济发展条件》一书，通过对 40 多个国家和地区不同时期三次产业劳动投入和总产出的资料分析，得出三次产业转移的规律：随人均国民收入的提高，劳动力首先由第一产业向第二产业转移；当人均国民收入水平进一步提高时，劳动力便向第三产业转移。

五、其他产业理论

威廉·阿瑟·刘易斯（W.Arthur Lewis）在题为《劳动无限供给条件下的经济发展》论文中提出二元经济发展模型，所谓二元经济虽然概念表达不同，事实上就是第一产业和第二产业。他是从劳动力的角度论述随着经济发展，劳动力是如何从第一产业占主导逐步向第二产业转移的，并且提出了著名的“刘易斯拐点”概念。

德国经济学家霍夫曼在 1931 年出版的《工业化阶段和类型》一书中，提出“霍夫曼定理”，它是将第二产业内部划分为“消费资料”和“生产资料”，并且这两个部分也有类似第一产业向第二产业转移的特征。通过计算两者比例关系的变化，将整个工业发展分为四个阶段。这个比例关系称为“霍夫曼比例”或“霍夫曼系数”。它的定义如下：

霍夫曼系数 = 消费资料工业的净产值 / 资本资料工业的净产值 （9–1）

随着工业化进程的深入，霍夫曼系数会越来越小。表 9–1 是工业发展的四个阶段对应的霍夫曼系数。

表 9–1 工业发展阶段及其对应的霍夫曼系数

工业发展阶段	对应的霍夫曼系数
第一阶段	5（±1）
第二阶段	2.5（±1）
第三阶段	1（±0.5）
第四阶段	1 以下

霍夫曼是对 20 多个国家 1880—1929 年的数据进行分析得出的以上结论。在第二次世界大战之后，该定理适应性越来越不好。很显然，霍夫曼系数高度取决于生产的技术状况。随着生产技术和全社会产业结构的变化，以上比例关系发生变化就是很自然的事情了。尤其当发生科技和产业革命级别的变化之后，整个国民经济内部的细分产业比例关系会产生巨大的改变，甚至会不断出现全新的产业细分。新兴产业往往具有极

高的增长性，这就表明它们会快速改变整个经济体中的比例关系。但是，以上通过产业结构比例关系变化来研究经济结构的基本方法是值得继承的，而不应只是关注于其建立在特定历史时期的统计数据之上得出的经验性结论。

在本书作者另一本书《生态社会人口论》中，对刘易斯二元经济模型“劳动无限供给”的假设前提进行了批评，并提出更为精确和符合实际的“劳动有限供给”分析模型。在此基础上建立了四次产业的划分，将高智能服务业从第三产业中分离出来，建立第四产业的概念。显然，将科技研发、金融、教育、法律、科学研究等高智能产业，与餐饮、家政、市政清洁等都混在一起称为“第三产业”是非常不合适的。在此前提下，将产业划分得越细，所得出的研究结论就会越精确。各产业之间的比例系数不会是一个固定的量，但通过研究它们的变化可以使我们对一个区域、国家、国家联盟等的经济结构可以有数量化的、精确的认知。

另外，随着农业生产技术和工厂化设施农业的发展，以及种植、食品加工、餐饮、旅游等产业的高度融合化，简单的第一产业认知是有局限的。农业产业内部提出了“第六产业”的概念。它最初是在20世纪90年代，由日本东京大学名誉教授、农业专家今村奈良臣所提出，并得到越来越多农业产业内部人士的认可。之所以称第六产业，并非是在原来三次产业基础上增加了第四和第五产业，而后将其研究的对象定义为第六产业，而是说将第一、第二、第三产业高度融合的生产方式，从而获得价值的更大化。“1+2+3”等于 6,“1 × 2 × 3”也等于 6,因此称为“第六产业”。

以酒庄为例，葡萄种植、酿酒、包装生产、葡萄酒销售、酒庄的特色旅游、餐饮等高度集成在酒庄里，葡萄酒庄应该算在哪个产业呢？显然仅仅用第一产业是不足以描述这种经济体的。

在很多现代化农场里，已经建立了农产品深加工的生产流水线。例如将花生种植收获后，直接处理加工成花生酱，并装瓶送到超市销售。通过电子商务手段，一些农场更是可以直接面向最终客户进行销售。

一切经营单位都是以利润更大化为首要目的，而不会按照理论家们的概念去约束自己。很多研究表明，尽可能将农业从最初的种植一直延伸到最终的深加工农产品消费，可以使商业价值提升 6 倍以上，这些是产业的分工与整合问题。因此，将农业简单机械地固定理解为第一产业是会带来极大误导的。

第三节　产品与产业研究的内容

一、概述

产品与产业研究有以下内容：

- 产品与产业分类
- 产业与行业
- 不同产业间比例关系
- 产业转移的动态研究
- 产业转移过程中的劳动力转移
- 跨地区与跨国产业转移
- 产品替代与产业替代
- 产业间相互作用和影响
- 产业分工
- 产业整合
- 产业链与价值链

· 产业集群
· 产品演进与分代
· 科技革命与产业革命
· 其他

以上各个不同研究内容之间是有相关性的，相互间也有重合的地方。例如，经济学界往往习惯于研究产业集群，但产业界自己往往更习惯于用产业链和价值链的概念来进行研究。限于篇幅，本书重点讨论产品与产业的分类及分类方法问题，因为这是其他各种研究的基础。

二、产品与产业分类

分类是一种最基本和普遍的科学研究方法，其目的在于归并和简化研究对象，并有助于找出不同研究对象之间的相似、差异以及逻辑联系。需要指出的是，分类的标准和目的不同，将会带来不同的分类结果。

例如，第一产业是指利用自然力为主，生产不必经过深度加工就可消费的产品或工业原料的部门。在中国，它具体包括农业、林业、牧业、渔业等。但在另一些国家，将采矿业也划归到第一产业。如果按中国的理解和定义，应当是以利用生物的自然生长和自我繁殖的特性生产的产品。在这种理解和定义中，如果我们的目的是要研究粮食与人口问题的话，它就又仅是第一产业中的一部分。如果按第一产业的概念进行相对粗略的统计，就会难以获得准确的粮食产品数据。例如，林业中有属于粮食的果类产品，也有不能食用的木材产品。而农业中大部分是属于食物，但棉花、棉麻等又不属于可食用的粮食。渔业绝大部分是可食用的水产肉类，而珍珠等水产品不属于食物。

研究目的和标准的不同，可形成不同的分类体系。如：

按产业属性，可分为第一产业、第二产业、第三产业、第四产业，第六产业。

按满足需求的性质，可分为消费品、投资品、投机品。

按所有和享用属性，可分为私有产品和公共产品，企业单位、事业单位与政府部门，非政府组织，宗教组织等所提供的产品。

按市场交易中的地位，可分为一般产品与基础设施。

按产品形态，可分为实物产品与服务产品。

按产业链位置，可分为原材料、零部件和整机产品。

按产品研发阶段，可分为原理验证模型、原型产品、工程样机、中试产品、小规模试商用产品、大规模商用产品。

按生产的标准化程度，可分为工程类产品、规模化产品、规模定制化产品。

按生产要素比例，可分为劳动密集型产业、资本密集型产业、知识密集型产业。

另外还有农业、轻工业、重工业等分类。

……

以上分类只是最基本的，可在其基础上进行更深入的细分，直到最终产品的品种。

三、产业与行业

产业一般是指具有某种同类属性的经济活动的集合或系统。在传统社会主义经济学理论中，产业主要指经济社会的物质生产部门，一般而言，每个部门都专门生产和制造某种独立的产品。某种意义上，每个部门也就成为一个相对独立的产业门类，如“农业”“工业”“交通运输业”等。

行业一般是指其按生产同类产品或具有相同工艺过程或提供同类劳动服务划分的经济活动类别，如饮食行业、服装行业、机械行业、金融行业、移动互联网行业等。因此，产业相对偏向产品，而行业偏向生产技术、技能，常指做某一行当。如餐饮产业，烹饪行业；农业产品，种植行业；肉类产业，养殖行业；汽车运输产业，货车司机行业。

在英文中，当 industry 为不可数名词时，意为工业，生产制造。这时用单数，表示泛指，没有具体指某种工业。当 industry 为可数名词时，意为行业，这时用复数，表示具体的某一种行业。

第四节　分类方法

一、分类目的

分类方法的关键并不在于其本身，而是进行这种分类的目的。目的不同，分类就会不同或差异巨大。如果不理解清楚这一点，就不会明白不同的分类方法的原因所在，也不会明白为什么无论采用什么分类方法，总有一些产品或产业难以按此方法进行分类。

产品研究的目的，也就决定了分类的目的。对产品分类研究相对严格的是海关“商品名称及编码协调制度”，因为它的分类涉及一切进出口产品的具体海关征税和管制操作。这使任何产品分类的含混都会在海关实务中立即出现问题，其他产品分类一般不会如此直接快速地体现出后果。例如在经济统计中产品分类出现差错和不一致，导致的问题就不会马上显著地体现。但是，这不意味着就可以简单地说海关“商品名称及编码协调制度”的分类就最准确和科学。这个分类体系一般并不关心不同产品分类之间是什么逻辑关系，甚至也可以容忍分类名称与实际产品内涵之间的对应不一定是准确的，因此，在这个分类体系中会发现数以千计的带有“其他”字样的分类名称。因为实际社会生产中新产品和技术不断出现，而这个分类不可能天天变化。它最重要的目的是要对任何进行国际贸易的产品都能最便捷一致地找到对应的税目，避免争议。

1. 数量分割管理

从根本上讲，之所以要进行分类是一个管理学问题，因为太多的对象如果不进行分类的话，堆在一起会让人无所适从。从对人的管理学角度来说，一个人能够管理的合理横向幅度为7到15个下属，如果超过这个幅度，就需要进行部门和管理分割，减小管理幅度。对于知识和研究对象的管理是类似的。从这个最基本的管理角度来看，如果不考虑不同类别对象之间的性质差异，就纯粹是一个数量管理的问题。所以，各类别所包含的对象数量最好大致地均衡。如果一个类别只有几个对象，而另一个类别数量有数万，可能就需要对包含数万对象的类别进行更深入的细分。否则这种分类可能对研究和理解相应的对象不是最有利的，不利于知识的管理和研究。

2. 产品性质逻辑差别及联系

当然，对产品的分类不能仅仅是一个数量管理问题，而且需要体现出不同对象之间可理解的性质和逻辑差别，以及不同类别间的逻辑联系。因此，它需要以“分类依据”为基础来进行。

当我们要讨论分类的科学性时，可能体现在数量管理的各类别均衡性上，也可能体现在不同类别性质逻辑的准确性和严谨性上，还可能体现在实务操作人员归类的方便性和简便性上。

二、分类的原则

从理论上说，最好的分类方法应当满足如下原则或标准：

1. 完备性。通过该分类方法可以将所有研究对象进行分类，而不是仅将其一部分进行分类。例如，农业、轻工业、重工业的分类就不是完备的，它并没有包括服务业产品，也未明确是否包括软件研发等新兴科技产业。因为产品和产业的创新和发展是高度变动的，所以，要保持分类的完备性，就必须要定期更新分类，甚至要更新分类的方法。用于海关的《商品名称及编码协调制度》，根据其规定每 4 年修订一次。但在事实上，因为产品变化得越来越快，往往各国每年都会有一些调整或修订。

2. 归属唯一性。所有产品对象应当具有唯一的分类归属，而不应当使同一产品可归入多个不同的分类。换句话说，不同类别相互之间不应当有重叠。

3. 简便性。产品和产业分类并不仅仅是一个理论问题，而是要大量用于经济活动的实务操作。因此，分类需要有一定的简便性，以使得实际操作中更为简便清晰，更少造成理解的混乱和困难。

4. 编码。进行分类后，往往除了名称以外，还采用严格的英文字母和阿拉伯数字为基础的编码，以便进行计算机处理。编码需要有唯一性，同一个最细分的产品品种不能有重码。

在实际的应用中，以上原则未必都会遵守。尤其像商场货品的分类，更为强调客户选购的目的，而不在意分类的理论原则，甚至不遵从下面会讨论的树形层级结构。但是，仔细研究以上分类原则，对任何产品分类都是有帮助的。

三、树形层级结构

如果我们考察跨越各个不同领域的分类，可发现主要是采用树形的层级结构，它是具有最为普遍意义的方法，也称“线分类法”。参见表 9–2。

表 9-2　不同领域树形分类层级

分类领域	层级介绍	层级数
生物学里的物种分类	域、界、门、纲、目、科、属、种	8
中图法分类目录	五大部类、22 个基本大类、小类、子小类	4
中国国民经济行业分类 GB/T-4754-2017	门类、大类、中类、小类	4
中国《统计用产品分类目录》	大类、中类、小类、组、小组	5
国际《商品名称及编码协调制度》（HS）	类、章、税目、一级子目、二级子目、三级子目、四级子目	7
原中国《出入境货物检验检疫分类代码》（CIQ 代码）	13 章、151 品目、4320 个编码。章、品目、子目、细目、详目	5
全国主要产品分类与代码 GB/T 7635 2002	大部类、部类、大类、中类、小类、细类	6
中国《消费品分类与代码》GB/T36431-2018	大类、中类、小类、组类	4
中国《数字家庭服务资源分类与代码》GBT 36528 2018	大类、小类	2
产品上的 EAN13 条形码（欧洲物品编码）	国家代码、厂商代码、产品代码	3
E.164 国际电话号码	国家或地区代码、区号、电话号码	3
E.212 移动电话号码	国家或地区代码、移动网号、用户识别码	3
互联网 IPv4 地址协议	网络 ID（A、B、C、D、E 类不同长度的地址）、主机 ID	2
互联网 IPv6 地址协议全球单播地址	48 位的全球路由前缀、16 位的子网 ID、64 位的接口 ID	3

在各层级中，为进一步区分，有可能在两个分类层级中间插入一些亚分类或亚层级。例如，生物的物种分类中就有很多亚分类，在“界”这个层级以下，每一个层级都有亚层级：亚门、亚纲、亚目、亚科、亚属、亚种等。

固定电话号码中前几位往往代表局或支局号，事实上也是一个亚层级。

层级有可能向上扩展，使分类体现宏观上更为基本和广大的层级。例如，1969 年魏泰克（R.H.Whittaker）把生物最高层级分为五界：原核生物界（Monera）、原生生物界（Protista）、真菌界（Fungi）、植物界（Plantae）和动物界（Animalia）。但由于五界说并没有纳入研究越来越丰富的病毒、噬菌体、类病毒等，因此卡尔·沃斯（Carl Woese）等人于 1990 年将生物学分类向上进行扩展，增加了一个层级“域”，并提出“三域系统”，分为细菌域（Bacteria）、古菌域（Archaea）、真核域（Eukarya）。

真核域包含四个界：原生生物界、真菌界、植物界、动物界。

原核生物界向上一个层级细分出两个域，分为古菌域和细菌域。虽然域下面应当有界，但因这两个域是原来的原核生物界的细分，内部并不足以形成多个界，因此往往直接跨过界进行门的分类了。

按照以上生物学分类，我们人类被归入：真核域→动物界

→脊索动物门→脊椎动物亚门→哺乳纲→真兽亚纲→灵长目→人科→人属→智人种

层级结构也可向下扩展，从而使分类体现出微观上更为细分的层级。例如，E.164 电话号码可以向下细分出分机号码。从技术上说分机下面可再细分出二级的分机。

国民经济行业的统计，相对来说难以统计到最终每个产品的品种，因此它分为四个层级。而海关实务操作主要是针对最细分的产品品种进行，因此是在参考国民经济统计用的分类基础上，向下再增加细分形成七个层级。

四、树形层级结构可能遇到的困难

树形层级结构归属关系简单严格，容易管理，但也有可能遇到困难，主要是存在横向跨越的对象，从而导致难以归属和分类。尤其是当对象具有跨越非常多不同类别的属性时，分类就会更困难。我在实际的国际贸易中正好遇到过这个问题，这还是我主要推动发明的一个全新的数字电视产品 EMR（Enhanced Multimedia Router，增强型多媒体路由器）。较早的数字电视产品往往是针对某一个功能需求进行产品开发，例如：编码器、解码器、卫星电视接收器、复用器、加扰器……在编码器中又可根据不同视频格式、不同输入按树形层级结构细分为不同类型的编码器，如 MPEG2 编码器、H.264 编码器。

但是，EMR 采用的是通过一个具有复用和加扰功能的背板，以及通用的机箱、电源、接口、控制等基本功能作平台，将原来各种不同数字电视功能变成了功能单板，通过混合插入不同的功能单板，事实上可以将一台设备组合成不同功能的数字电视设备甚至网络系统。因此，它不仅高度复合了不同的功能，而且在每一次销售给客户的订单中，每一台 EMR 产品集成的功能都可能是根据客户需要定制而有所不同，甚至差异非常大。这个产品在海关出口时就遇到过麻烦。因为产品名称中有“路由器”，而这个名称海关人员会认为是互联网的网络设备 IP 路由器。这个产品最初开发的是编码功能，因此在拿广电入网证时用的名称又是“编码器”，并且广电部门也没有这种产品该如何归类的先例。海关人员不可能对每一种产品的技术细节都深入了解，这把海关人员给弄糊涂了，而且解释起来很费劲。

EMR 出口时遇到的最大一次事情是出口海外的几十台设备订单，被北京海关以存在走私嫌疑查扣了。好在无论是路由器还是编码器，所有关税都是一样的，因此花了几个月的时间，问题总算得以解决。如果按海关 HS 里规则三来为标准进行分类，该产品最基本和核心的功能是它以路由和复用功能为基础的平台特征，但是，如果它插入的全部功能单板是卫星接收卡，整台设备主要体现的是多路数字卫星接收机，复用和路由功能虽然存在，但可以不被看作是主要特征。同理，如果插入的全部功能单板是 H.264 编码器，它主要体现的是一台多路 H.264 编码功能。尤其是当这些单一功能的板卡因作为备品备件独立出口时，它更是只体现这些不同的板卡各自的功能。这个既是特殊的案例，在电子产品中也具有一定的普遍性。的确按现有 HS 里的六个规则都难以准确地确定其归类。事实上，这个案例中可以引入一个“稳定性特征”的规则，就是当出现这种情况时，以其相对稳定的平台特征作为归类的依据。

这种高度集成化、模块化（从而高度灵活地定制化）和功能个性化的产品，虽然会给产品分类带来困扰，但客户却往往非常喜欢。尤其电子产品，多功能集成是相对容易的，因此经常会出现这种横向跨越的情况。尤其是现在的智能手机，集成了电话、收音机、录音机、数码相机、数码摄像机、上网设备、卫星导航、存储器、数字播放机、电视机……太多太多功能。这使得以功能为依据进行分类就会遇到混乱。

不仅是电子产品，各个领域都可能出现横向跨越的问题。例如，鱼类是典型的农业产品，但是，如果将一些观赏性的活鱼集成在采用电子照明和过滤，含景观的观赏鱼箱里，它就不再单纯属于传统的农业分类了。

在 HS 中，汽车属于 87 章，飞机是 88 章。但飞行汽车却跨越了这两章的类别。

在采用不同材料制作的产品中，当不同材料的比例不同时，可以按最主要的材料来进行分类。可是当不同材料的比例严格一样的时候，归类就比较困难了。HS 的规则四可以用于处理这种情况下的归类。事实上，虽然有该规则的存在，但还是存在一定模糊性的。

HS 的六大规则（参见第十章第一节“三、HS 的分类规则”）绝大部分规定的目的，就是处理这种因横向跨越造成的分类困难问题。因此，当我们从理论上清楚了因横向跨越对应的分类原理，对于其语言表述很复杂生僻的规则和注释就容易理解了。简单来说总结为一句话就是：

无论横向跨越情况多么复杂，都以两个原则——“最主导原则”和“最稳定原则”来确定归类。

最主导原则就是无论材料和功能多么复杂，只要找到最占主导的那一个，就以其特征来确定归类。如果横向跨越的情况不仅复杂，而且多变，就以最稳定的那一个为特征来确定归类。

最主导原则操作起来相对容易，因为它只要根据单一产品本身就可进行。例如，混纺衬衫材料含有多种，找到含量最多的那一个就可以了。而最稳定原则却需要多个产品变化一起进行对比才能确定。例如前述的 EMR 这类插卡式的平台产品，如果只是单一的一个产品，若全部插上卫星接收功能，变成多路卫星接收机，占主导的是卫星接收功能。只有当多个插有不同功能单板产品放在一起时，才能发现最稳定的是平台。

即使按这种方式给 EMR 确定了一个稳定的 HS 代码，也可能出现另一个可能引起混乱的情况。因为其中不同功能的单板独立进出口时，按道理应当作为不同的四级子目处理，可是这样一来，理论上就有可能使相应的功能单板在独立进出口和集成在平台产品中时，因为属于不同的税目而形成不一样的税率。事实上，所有跨越不同类别的产品都有可能出现这种情况。

五、面分类法及不同分类法优缺点

相比有直线归属关系的树形层级结构分类方法，面分类法的关系区别就是不同分类间没有归属关系。面分类法也称为“平行分类法”，就是根据产品的某种属性或特征，将产品分成没有不同分类间没有归属关系的面。

以玻璃器皿的面分类法为例，来说明该方法的特点。

（1）按成型方法，可分为：吹制品、压制品、自由制品。

（2）按装饰方法，可分为：喷花、磨花、雕花。

（3）按用途，可分为：食器、容器、装饰器。

从上面可见，不同分类面之间的产品是很可能相互重叠的。如食器的装饰方法三种都可能采用。在一个面的分类方法里，可以有完备性的要求。但总的来说，面分类法是以方便应用和理解为主，并且一般只考虑相对单一的属性，因此不同分类方法的逻辑关系是不明确的。

在讨论不同分类法的优劣之前，一定要清楚应用相应分类法的目的和场合。否则对优劣的讨论将很少有意义。或者说，它并不能简单地归于“优”还是“劣”，而只能算一种特性。针对不同的应用，需要利用不同的特性。

线分类法有清晰的逻辑关系和完备性，因此，它较好地面向对象的整体，即所有产品或产业。这对于理论研究有较好的价值，对于像完备的国民经济统计、海关征税等都有相对好的价值。同时，线分类法要求严格，各分类难以调整，改变一个就会影响非常多的相关分类。

面分类法并不强调完备性和分类对象间的详尽逻辑关系，因此，可仅仅针对部分对象进行。这可能会形成特定的、甚至个性化的分类。因此，它较多应用于特定的商场或企业。这些商场和企业并不会去经营世界上存在的一切商品，而是会有自己个性化的选择。因此，针对这些个性化的选择进行分类，会更多体现出个性化的属性特点。

2018 年 6 月 7 日发布，2019 年 1 月 1 日执行的《传感器分类与代码（GB / T 36378.1–2018）第 1 部分“物理量传感器”采用的是混合了面分类和线分类的两种方法。首先采用面分类法，选取被测量、转换原理和是否智能传感器等 3 个面。对于被测量和转换原理，采用线分类法进行划分。其编码结构采用 3 段共 12 位数字码组成：

×××××××	××××	×
第一段 7 位数字 表示被测量	第二段 4 位数字 表示转换原理	第三段 1 位数字 表示是否为智能传感器

图 9-1　传感器分类代码的总体结构

第 1 段和第 2 段分别采用树形层级结构。

第 1 段使用 4 个层级的 7 位数字码，结构如图 9-2 所示。

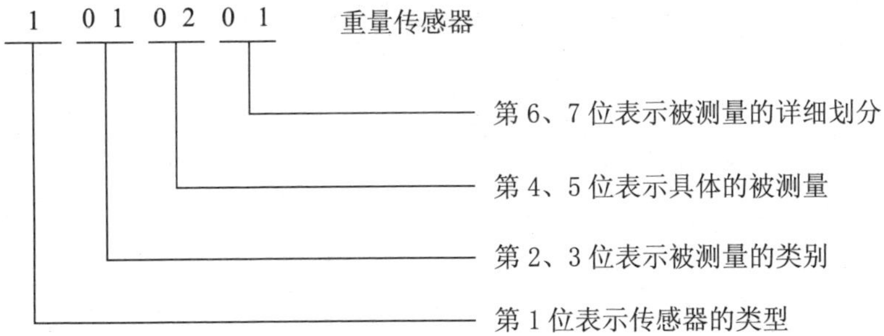

图 9-2　传感器分类代码第 1 段的结构

在图 9-2 中

第 1 位的“1”代表物理量。其他还有 2- 化学量,3- 生物量。

第 2、3 位的“01”代表力学量。

第 4、5 位的“02”代表力。

第 6、7 位的“01”代表重量传感器。

第 2 段使用 4 位数字码，结构如图 9-3 所示。

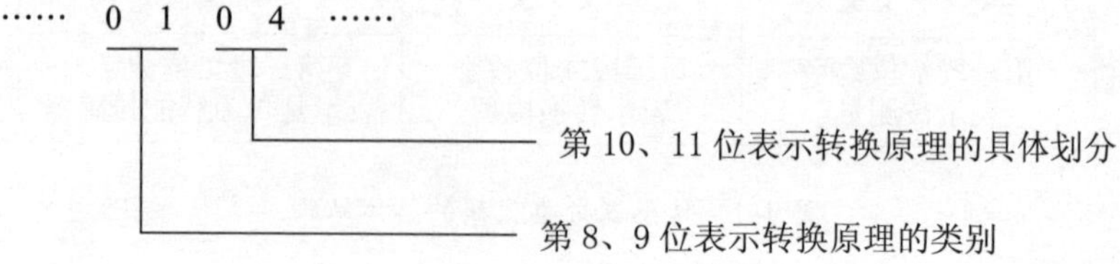

图 9–3 传感器分类代码第 2 段的结构

在图 9–3 中

第 8、9 位的“01”代表电阻式。

第 10、11 位的“04”代表磁阻式。

表 9–3 第 2 段第 8、9 位代码代表的传感器转换原理

代码	名称
01	电阻式
02	电容式
03	电感式
04	压电式
05	压磁式
06	磁电式
07	光电式
08	半导体式
09	热电式
10	谐振式
11	辐射式
20	电化学式
21	电极型

续表

代码	名称
22	光学气体传感器
23	光化学
24	热导型
25	质量型
30	生物酶
31	敏感膜（离子敏、双层脂膜等）
32	纳米生物传感器
33	生物免疫、蛋白受体 / 配体识别、小分子识别
34	电化学标记转换
35	光电转换
36	酶标转换
37	生物核酸、核酸类似物识别
38	微流体分析转换
39	生物（微阵列）芯片
40	生物微系统
99	其他原理

六、关键词搜索与分类

计算机和互联网查询工具的不断进步，使得分类的条件发生了深刻的变化。尤其通过关键词的快速查找，其速度快，范围广。它使得在信息查寻和搜索上对知识、信息、客观对象的分类要求似乎变得不是那么必须。这也可以从互联网的发展过程中看出端倪。最初的门户网站往往是在主页上提供分类查找的菜单，但以 Google、百度为主的互联网搜索工具的出现，使得不依赖于分类的网络自动搜索成为非常普遍的新知识信息管理工具。但是，这并不意味着分类会从知识信息和研究对象的基本研究方法中消失。这是因为：

这样的搜索很难给出真正精确的结果，搜索工具往往以给出的搜索结果数量的庞大为荣，甚至用一个关键词搜索会在极短时间内给出数百万上千万的搜索条目结果。这样的条目数量对于人工来说几乎没有实际意义，因为要把这些条目看完所需要的时间实在是不可想象的。

即使搜索的数量极为庞大，也不能保证所想要的结果一定在里面。

搜索的结果逻辑关系也相对比较模糊。

搜索结果有实际意义的主要是前几页，尤其是主页。而什么样的搜索结果被放在靠前尤其首页位置，很可能受搜索工具提供者深刻影响。这使其逻辑关系可能被人为扭曲。

因此，关键词搜索相对来说注定是一个有一定模糊性和几率性的信息管理方法。但正是这种缺陷的存在，它可以为搜索工具提供者实现其广告的盈利性目的或其他目的。所以，本质上它是难以完全克服上述缺陷的。

分类最终要做到一一对应，追求分类结果的唯一性，是与搜索的结果数量庞大、模糊性和几率性相对应的信息管理的另外一个极端。其目的是要严格地避免受任何人为的影响，因此它不是互联网搜索等工具可以替代的。

七、分类依据

要区分出产品不同类别的性质和逻辑关系，就需要确定分类的依据，而不是仅仅根据数量管理要求，均衡地将不同产品对象简单盲目地放在不同类别的抽屉里。

中国《统计用产品分类目录》（2010年）中所给出的分类依据如下：

——产品的物理（或自然）属性；

——产品的化学属性；

——产品的生产（经营、业务）属性；

——产品的材质属性；

——产品的工艺、技术属性；

——产品的用途属性（服务功能）；

——产品的服务属性（服务对象）。

自然属性。是指产品的组成成分，如动物肉类、植物、金属、塑料等。

物理属性。如宏观和微观的物理结构，相和态（固态、液态、汽态等）、重量、包装等。

化学属性。如化学成分，食品的营养成分等。

功能，用途。这是最常用的一种分类依据，它直接表明了对买方需求的满足。很多产品的名称往往就是用其功能和用途来表达的，如洗衣机、洗衣粉、吸尘器、压面机、起重机……

加工方法，技术和实现原理等。

以上以产品内在属性作为分类依据，还可以以逻辑关系或外在属性作为分类依据。本书最后一章将会按照对经济学理论研究更具意义的属性对产品进行分类研究。如满足需求的性质，在市场交易中的地位等。

分类依据决定的分类层次和顺序

除了以上分类依据外，不同分类依据所决定的分类层级或先后顺序可能也是不同的。在海关产品分类中，同一章内的商品按照从原材料到成品的加工程度依次排列，即原材料——坯件——半成品——制成品。类次及同一类里的章次多按照先动物商品，后植物商品，再矿物商品的顺序排列。

科学经济学原理 KEXUE JINGJIXUE YUANLI

第十章
产品与产业分类研究(二)

本章介绍几个主要的国际及各国产品与产业分类研究结果。包括用于海关的HS，用于统计目的的产业（ISIC、BEC）与产品（CPC）分类，以及用于商场店面排列的产品分类。

第一节　商品名称及编码协调制度介绍

一、商品名称及编码协调制度简介

商品名称及编码协调制度又称为“HS”（The Harmonized Commodity Description and Coding System）。它是在原海关合作理事会，现名“世界海关组织”（WCO，World Customs Organization）综合各项国际贸易分类研究成果，制定的一部多用途的国际贸易商品分类目录。

1. CCCN

1947年部分欧洲国家成立了“欧洲关税同盟研究团”。该团1950年12月30日在比利时首都布鲁塞尔开会，制定了三个有关关税事项的公约——《设立海关合作理事会公约》《海关税则商品分类目录公约》《海关商品估价公约》。海关合作理事会就是根据第一项公约于 1952 年 12 月正式成立的，它是世界上唯一的政府间国际海关组织。中国于 1983 年 7 月 18 日递交加入书。

在依据《海关税则商品分类目录公约》制定统一的产品分类之前，各国产品分类并不统一，造成了国际贸易中的困难。海关合作理事会成立之后的一项重要工作就是制定《海关合作理事会税则商品分类目录》（Customs Co-operation Council Nomenclature，简称 CCCN）。它于 1953 年 9 月 11 日生效，最初称为《布鲁塞尔税则目录》，1975 年改名为《海事合作理事会税则商品分类目录》。

2. STIC

在海关合作理事会工作进展的同时，二战前的国联和二战后成立的联合国也在进行国际贸易中产品分类的研究和制定。1920 年国际联盟成立后，着手制定国际贸易名词术语和商品统计目录。在 20 世纪 30 年代它出版了《关税名词草案》，并在此草案的基础上，修订成为各成员国共同使用的《国际贸易统计商品目录简编》。二战后，联合国统计委员会对上述商品目录简编进一步修订，于 1950 年制定完成《国际贸易标准分类》（Standard International Trade Classification，简称：SITC）。该标准共分 10 个门类、50 个大类、150 个中类和 570 个细类。

作为各国际机构做贸易统计报告和对世界贸易进行系统分析的共同基础。该标准于1951年由联合国经济和社会理事会推荐给各成员国使用。

3. HS

1983年6月，海关合作理事会整合了CCCN和STIC，也结合了其他国际贸易分类研究成果，形成了HS体系。该分类体系1988年1月1日正式实施。世界上已有150多个国家使用HS，全球贸易总量90%以上的货物都是以HS分类的。

二、HS的编码和层级变化

HS将产品分为21类96章，现扩增为22类（增加第22类"特殊交易品及未分类商品"）98章。章下设税目、一级子目、二级子目三个级别。在进行商品编码时，最高一级并不直接对类进行编码，而是采用两位阿拉伯数字代表章，税目为2位，两个级别的子目各一位。因此，一个产品的国际通用HS编码为6位阿拉伯数字。

由于商品种类的繁多，不同国家间的巨大差异，以及随着技术和市场的发展产品种类会越来越丰富，6位编码可能难以区分更多细分的产品。因此，HS规定后面2个层级（三级子目、四级子目）交由各个国家自己定义。

1992 年 1 月 1 日，中国的进出口税则开始采用 HS 代码。2001 年起，增加 2 位划细商品的附加编码（第 9 和第 10 位），形成 10 位代码，这两位编码是用于监管目的。根据《海关总署 2018 年第 60 号关于修订〈中华人民共和国海关进出口货物报关单填制规范〉的公告》，自 2018 年 8 月 1 日起执行新版《中华人民共和国海关进出口货物报关单填制规范》，全国所有关区全面切换为新报关单。原报关单、原报检单合并为一张新报关单，这就是俗称的“关检合一”。由此带来的变化是将检疫检验的商品分类统一到了 HS 分类体系中。但关检合一后的报关单上产品 HS 代码将是 13 位，新增的 11 到 13 位是检疫检验代码。

从上可知，从 9 到 13 位事实上并不是真正商品的更低层级的细分，而只是对商品监管和商检属性的描述。因此，对于商品的分类目的来说，我们仅仅研究前 8 位即可。

例 1：商品“改良种用濒危野马”HS 代码 01012100 的编码含义解释。

编码：0 1 0 1 2 1 0 0

位数：1 2 3 4 5 6 7 8

含义：章 税目 一级子目 二级子目 三级子目 四级子目

例 2：商品“聚酯短纤其他缎纹或斜纹机织物”HS 代码 55121900 的编码含义解释。

编码：	5 5	1 2	1	9	0	0	
位数：	1 2	3 4	5	6	7	8	
含义：	章	税目	一级子目	二级子目	三级子目	四级子目	

从上面描述可见，HS 代码中并不体现最高一级的类别号。由于产品的变化以及分类的调整，HS 代码经常会过期废弃。因此，要想知道最新有效的 HS 代码，需要查阅最新的海关合法资料。

三、HS 的分类规则

HS 的分类与生物学的分类是有些区别的。因为生物进化的原因，它的分类是具有基因进化的继承关系，出现细分的分类，是因为进化过程中的不同变异路径而产生。因此，生物学分类的逻辑归属关系原理上说是极为严格的。同一个大的类别群从进化路径上说很可能具有共同的祖先，是一个祖先进化路径上不同基因变异的分支。虽然生物学的分类主要还是依据生物形态，而不是最终基因测序的严格标准，尤其已经灭绝的早期生物，难以进行基因的严格检验。但产品的分类并不具有这样严格的逻辑关系依据，它们很可能是不同生产者在不同环境下各自独立的创造。即使它们有一定的学习和继承关系，往往也会因避免侵权、强调各自的品牌等原因极力追求差异性。

除了海关业务知识和操作失误等因素可能造成分类的困难之外，对分类产生威胁的还有另一个重要的因素，进行产品分类操作的并不止是分类的研究和税目制定者，更是海关操作人员，尤其是产品的出口商。因为出口商品的经营者利益驱使，他们很可能倾向于将自己的产品归类于更低关税及更高出口退税的税目。海关人员的工做出于不同的动机可能是两方面，一方面是为支持自己所属区域的企业，而从专业上帮助相关企业合理地将他们的产品归类于更低的税目，另一方面是为保证关税的征收而防止进出口企业将产品错归类到更低税率的税目。这些因素都可能会导致分类的混乱。

因此，HS 的分类是采用一定的规则尽可能严格、各方理解一致地来确定各个层级的商品归属。在 1983 年 6 月 14 日制定于布鲁塞尔的《商品名称及编码协调制度的国际公约》中，确立了六个大的规则，并且附加了注释，作为确定分类的依据。

HS 分类规则一确立了其分类的总规则。类、章及分章（事实上包括了各级子目）的标题仅为方便查找，它们并不具有作为分类的法律依据。尤其在确定这些名称的时候，受到当时产品技术条件的限制而具有一定时代的特征。等时间长了之后，随着产品技术的变化，就可能会让人感觉到这些标题不是很好理解。即使每 4 ～ 6 年进行一次大的修订，依然难以改变这一点。当然，越是靠近最低层级的名称，可能与实际产品越接近。具有法律效力的归类，应按税目条文和有关类注或章注确定，如税目、类注或章注无其他规定，则按规则二到规则六以及它们的注释确定。

规则二，确定了“不完整品和未制成品”，也就是我们俗称的半成品，或未组装件、拆散件等，税目中所列材料或物质为不同材料或物质的混合品或组合品等情况时如何处理。

规则三，确定了按规则二里不同材料或物质的混合品或组合品处理方法可能会归入两个以上税目时的处理方法。例如方便面是多种材料组成的，有面（属于第 19 章的面食）、脱水蔬菜料包（属于第 7 章的干制蔬菜）、调味包（属于第 9 章的调味料）。按照规则三面食构成主要特征，所以整个方便面归入第 19 章的面食。

规则四，确定了“最相类似的货品的税目”原则。也就是按前面三个规则还是没法归类时的处理方法。有一些是比较极端的情况，如棉和人造棉含量各为 50% 的纺织品该如何归类。该织物是纺织品，故应在第十一类“纺织原料及纺织制品”中查找。对于普通的机织物，应按原料来确定有关章，根据第十一类类注二“可归入第 50 章至 55 章及品目 5809 或 5902 的由两种或两种以上纺织材料混合制成的货品，应按其中重量最大的那种纺织材料归类。当没有一种纺织材料重量较大时，可按可归入的有关品目中最后一个品目所列的纺织材料归类”的规定。由于棉的产品归在第52章，人造棉（属于化学纤维中的人造纤维，并且属于短纤纤维）的产品归在第55章。在这个案例里，棉与人造棉含量相等，应按“从后归类”原则进行，故应归入第55章。然后归入品目5516“人造纤维短纤纺织的机织物”。由于人造棉的含量为50%，故应归入一级子目“按重量计人造纤维短纤含量在85%以下，主要或仅与棉混纺”。所以，其HS代码为55164300。

“从后归类原则”是一种实在无法通过产品材料、含量等属性进行归类时，人为确定一个简单粗暴的可行原则，使得不会出现悬而不决的情况。HS中也有大量商品名称包含“其他”，这就可以使得实在无法按正常原则归类时，就归到其他里面，从而使得任何产品总能找到其可归类的相应税目。

规则五，是关于包装容器的归类方法。如果该容器长期与被包装的容器同时使用、一起出售，并且一同与所装物品同时报检，那么容器与盛装的物品一同归类。例如，钻石装在首饰盒里一同报检，首饰盒就一起被归类成钻石了。如果包装盒是通用的，或本身就构成产品基本特征的，并不受此限制。例如集装箱不会归类成集装箱里的货物，或压力锅虽然是容器，但本身就构成产品基本特征，即使里面放了大米一起报检，也不会被归类成大米。

规则六，是一个通用的规定，它是指因为分类是有层级的，当同一个货品面对多个不同类别进行分类的归类比较时，应当在同一个层级上进行区别鉴定。例如，不要将一个分类的二级子目的注释定义与另一个分类的一级子目去进行比较，而只能用后者二级子目的注释定义去进行。

需要简单提示一下的是，即使HS里最细分的、且确定税率的四级子目，并不一定就是从企业里来看的最细分的产品品种，一般来说它还是一个产品的类别，只是相对精细而已，但里面可以包含很多种相似产品的品种。

表10-1　HS最高一个层级的“类”

第1类	活动物；动物产品
第2类	植物产品
第3类	动、植物油、脂及其分解产品；精制的食用油脂；动、植物蜡
第4类	食品；饮料、酒及醋；烟草及烟草代用品的制品
第5类	矿产品
第6类	化学工业及其相关工业的产品
第7类	塑料及其制品：橡胶及其制品
第8类	生皮、皮革、毛皮及其制品；鞍具及挽具；旅行用品、手提包及类似容器；动物肠线
第9类	木及木制品；木炭；软木及软木制品；稻草、秸秆、针茅或其他编结材料制品；篮筐及柳条编结品 续表
第10类	木浆及其他纤维状纤维素浆；回收
第11类	纺织原料及纺织制品

第 12 类	鞋、帽、伞、杖、鞭及其零件；已加工的羽毛及其制品；人造花；人发制品
第 13 类	石料、石膏、水泥、石棉、云母及类似材料的制品；陶瓷产品；玻璃及其制品
第 14 类	天然或养殖珍珠、宝石或半宝石、贵金属、包贵金属及其制品；仿首饰；硬币
第 15 类	贱金属及其制品
第 16 类	机器、机械器具、电气设备及其零件；录音机及放声机、电视图像、声音的录制和重放设备及其零件
第 17 类	车辆、航空器、船舶及有关运输设备
第 18 类	光学、照相、电影、计量、检验、医疗或外科用仪器及设备、精密仪器及设备；钟表；乐器
第 19 类	武器、弹药及其零件、附件
第 20 类	杂项制品
第 21 类	艺术品、收藏品及古物
第 22 类	特殊交易品及未分类商品

第二节 用于统计目的的产品分类

一、CPC 介绍

对于海关来说，只能对产品或商品征税，不会存在对行业进行征税的问题。所以，对海关实际应用来说只考虑产品或商品就可以了。但对于统计应用来说，产品和行业都是很重要的，并且有高度的相关性。

产品总分类（CPC，Central Product Classification）是由联合国经济与社会事务部统计司负责制定的一个国际标准，它涵盖所有商品和服务的完整产品分类，用于汇集和列示各种产品细节的数据，包括工业生产、国内外商品贸易、国际服务贸易、国际收支、消费和价格统计以及其他用于国民账户的数据。它为国际比较提供了一个框架，并促进与货物和服务有关的各类统计数据的协调。其正式标准出版历程如下：

- 1991 年，《暂定产品总分类》。

- 1998 年，《产品总分类（CPC）版本 1.0》。
- 2002 年，《产品总分类（CPC）版本 1.1》。
- 2008 年，《CPC 版本 2.0》。
- 2015 年，《CPC 版本 2.1》。

《产品总分类》起因于 20 世纪 70 年代初为统一国际分类而提出的倡议。落实这些倡议的后续行动将编制一个全部产品的标准分类看成是一个关键要素。在 1972 年统计委员会第十七届会议、1973 年欧洲统计学家会议第二十一届会议以及这两个机构的成员与一些国际组织秘书处成员的一些会议上，大家普遍同意需要使在联合国和其他国际机构主持下已编制的经济和其他领域的多项分类更加一致。

CPC 采用“10 个部门（Section）、类（Division）、组（Groups）、级（Classes）、次级（Suvclasses）”五个层级。CPC 的 10 个部门如表 10–2 所示：

表 10–2　CPC 最高一个层级的部门及其名称

部门号	名称
0	农业、林业和水产品
1	矿石和矿物；电、气和水
2	食品、饮料和烟草；纺织品、服装和皮革制品
3	其他可运输货物，金属制品、机械和设备除外
4	金属制品、机械和设备

续表

部门号	名称
5	建筑服务
6	经销行业服务；住宿；食品和饮料服务；运输服务；公用事业分配服务
7	金融及有关服务；不动产服务；出租和租赁服务
8	商业和生产服务
9	社区、社会和个人服务

各个国家一般都会在参考这个分类基础上，建立自己的统计用产品分类。中国的全国主要产品分类与代码 GB/T 7635-2002，中国统计用产品分类目录等都明确参考了 CPC。

以 CPC 为参考基准，各国和地区建立了各自的产品分类体系。

- CPA（*European Classification of Products by Activity*）《欧盟经济活动产品分类体系》。
- NAPCS（*The North American Product Classification System*）《北美产品分类体系》。
- ANZSPC（*The Australian and New Zealand Standard Product Classification*）《澳大利亚及新西兰标准商品分类》。
- 中国统计用产品分类目录。

二、中国产品分类体系

《全国工农业产品（商品、物资）分类与代码（国家标准 GB/T 7635–87）》是 1987 年 4 月 28 日中国发布的用于国民经济核算和统计的产品分类体系。这个分类基本上还是只包含实物产品，不包含服务类产品，包括最高层级的门类在内有五个层级。最高 2 位的大业编号基本都是实物产品。

《全国主要产品分类与代码》（GB/T 7635–2002 ）是 2002 年 8 月 9 日发布。它分成两个部分，第 1 部分，GB/T 7635.1–2002：可运输产品，事实上就是实物产品。这部分占用了最高 2 位大类编码 01 至 49。第 2 部分，GB/T 7635.2–2002：不可运输产品，事实上就是服务类产品。部分占用了最高 2 位大类编码的 50 ～ 99。这个分类标准参考了 CPC1.0。

《统计用产品分类目录》是 2010 年 2 月 9 由中国国家统计局以第 13 号文发布。它主要参照和对应以下标准分类：

· 国家标准《国民经济行业分类》（GB/T 4754-2002）。其大类号原则上与该标准一致。

· 联合国统计司制定的《产品总分类》（CPC，1.0 版）。

· 国家海关总署制定的《海关统计商品目录》（简称 HS，2005 年版）。

表 10-3　中国统计用产品分类目录结构表（2010 年版）

大类		中类	小类	组	小组
1	农业产品	19	54	60	612
2	林业产品	4	15	11	173
3	畜禽及其产品	5	26	27	149
4	渔业产品	6	33	5	271
5	农、林、牧、渔服务	4	8	1	39
6	煤炭采选产品	3	9	3	42
7	石油和天然气开采产品	6	0	0	10
8	黑色金属矿	3	7	0	26
9	有色金属矿	5	30	59	210
10	非金属矿	12	23	5	164
11	其他矿产品	3	0	0	3
13	农副食品，动、植物油制品	15	67	78	626
14	食品及加工盐	13	59	51	494
15	饮料、酒及酒精	11	28	19	173
16	烟草制品	4	0	0	16
17	纺织产品	15	80	146	612
18	服装、鞋、帽	7	47	112	436
19	皮革、毛皮及其制品	7	13	10	89
20	木材及木、竹、藤、棕、草制品	10	30	15	184
21	家具及配件	2	13	26	128
22	纸及纸制品	5	22	25	157
23	印刷品、记录媒介复制品	5	14	22	108

续表

大类		中类	小类	组	小组
24	文教体育用品	10	49	58	543
25	石油加工、炼焦及核燃料	5	16	9	123
26	化学原料及化学制品	27	172	349	2945
27	医药	8	64	204	1901
28	化学纤维	4	16	10	60
29	橡胶制品	12	29	16	161
30	塑料制品、半成品及辅料	2	14	49	249
31	非金属矿物制品	34	121	150	1143
32	黑色金属冶炼及压延产品	11	57	228	952
33	有色金属冶炼及压延产品	25	70	116	652
34	金属制品	33	111	95	778
35	通用设备	40	167	201	1634
36	专用设备	58	315	390	3699
37	交通运输设备	24	72	69	660
38	收费的生产服务及修理	2	14	1	119
39	电气机械及器材	26	113	116	888
40	通信设备、计算机及其他电子设备	23	86	103	796
41	仪器仪表及文化、办公用机械	27	136	108	1187
42	工艺品及其他制造产品	13	50	52	375
43	废弃资源和废旧材料回收加工品	2	11	6	67
44	电力和热力	2	3	1	20
45	燃气	2	0	0	11
46	水	2	0	0	9

续表

大类		中类	小类	组	小组
47	房屋和土木工程服务与产品	2	10	54	298
48	建筑安装服务	6	0	0	33
49	建筑装饰服务	2	1	0	16
50	其他建筑服务	3	2	0	19
51	铁路运输服务	5	9	0	54
52	道路运输服务	5	6	2	43
53	城市公共交通服务	6	3	2	20
54	水路运输服务	3	7	1	68
55	航空运输服务	3	7	2	38
56	管道运输服务	3	0	0	6
57	装卸搬运和其他运输服务	2	7	0	32
58	仓储服务	5	0	0	18
59	邮政寄递服务	2	0	0	8
60	电信和其他信息传输服务	5	9	0	64
61	计算机信息服务	4	3	0	24
62	软件及服务	4	10	4	71
63	批发服务	16	78	190	1382
65	零售服务	4	33	68	488
66	住宿服务	3	4	0	26
67	餐饮服务	5	3	0	30
68	银行服务	3	5	0	27
69	证券服务	5	5	0	28
70	保险服务	5	3	2	41

续表

大类		中类	小类	组	小组
71	其他金融服务	7	3	0	24
72	房地产服务	6	10	18	93
73	租赁服务	2	2	0	24
74	商务服务	19	61	19	416
75	研究与试验发展服务	6	0	0	64
76	专业技术服务	12	62	29	430
77	科技交流和推广服务	4	1	0	25
78	地质勘查服务	3	4	3	49
79	水利管理服务	6	3	0	29
80	环境管理服务	4	14	7	99
81	公共设施管理服务	3	10	3	53
82	居民服务	10	11	4	74
83	维修、清洁和其他服务	3	8	16	94
84	教育服务	9	3	1	49
85	卫生服务	8	2	0	70
86	社会保障服务	6	1	0	12
87	社会福利服务	4	5	0	36
88	新闻出版服务	2	8	11	120
89	广播、电视、电影和音像服务	5	19	23	162
90	文化艺术服务	11	33	16	284
91	体育服务	5	12	4	135
92	娱乐服务	5	0	0	16
93	公共管理服务	6	7	0	47

续表

大类		中类	小类	组	小组
94	民主党派、工商联、群众团体服务	2	0	0	13
95	社会团体、基金会及宗教组织服务	3	5	3	36
96	基层群众自治组织服务	2	0	0	6
97	国际组织及使领馆服务	4	0	0	4
合计	95	814	2753	3488	28992

第三节　用于统计目的的行业分类

一、ISIC

ISIC（The International Standard Industrial Classification of All Economic Activities）《所有经济活动的国际标准行业分类》（简称《国际标准行业分类》）是联合国经济及社会事务部统计司负责组织各国专家制定的。第 1 版于 1948 年 8 月 27 日由第 149 A（VII）号决议正式通过。各版本批准历史如下：

- ISIC1.0，1948 年。
- ISIC 修订本 1.0，1958 年。
- ISIC 修订本 2.0，1968 年。
- ISIC 修订本 3.0，1989 年。
- ISIC 修订本 3.1，2002 年。
- ISIC 修订本 4.0，2006 年。

它采用四个层级结构：门类（Section），类（Division），大组（Group），组（Class）。其总体结构见表 10–4。

表 10–4　ISIC 总体结构，单个类别归并为 21 个门类

门类	类	说明
A	01-03	农业、林业及渔业
B	05-09	采矿和采石
C	10-33	制造业
D	35	电、煤气、蒸气和空调的供应
E	36-39	供水：污染处理、废物管理和补救活动
F	41-43	建筑业
G	45-47	批发和零售业：汽车和摩托车的修理
H	49-53	运输和储存
I	55-56	食宿服务活动
J	58-63	信息和通信
K	64-66	金融和保险活动
L	68	房地产活动
M	69-75	专业、科学和技术活动
N	77-82	行政和辅助活动
O	84	公共管理和国防：强制性社会保障
P	85	教育
Q	86-88	人体健康和社会工作活动
R	90-93	艺术、娱乐和文娱活动

续表

门类	类	说明
S	94-96	其他服务活动
T	97-98	家庭作为雇主的活动：家庭自用、未加区分的物品生产和服务活动
U	99	国际组织和机构的活动

与CPC类似，各个国家各地区在ISIC基础上建立了各自的产业分类。主要有以下这些：

- NACE（European Classification of Economic Activities），《欧盟经济活动产业分类体系》。
- NAICE（North American Industry Classification System），《北美产业分类体系》。
- ANZSIC（The Australian and New Zealand Standard Industrial Classification），《澳大利亚及新西兰标准产业分类》。

中国《国民经济行业分类》。

二、BEC

BEC（Classification by Broad Economic Categories），《按经济大类分类》是用于国际贸易统计目的，并且可以与国民经济核算体系进行对应。它与 ISIC 的不同之处在于：ISIC 是服务于对整个国民经济进行统计，包含了所有实物与服务产品相关的产业。而对于国际贸易的统计，需要基于 HS，以及对应于联合国的《标准国际贸易分类》（SITC，Standard International Trade Classification）。HS 和 SITC 都是基于产品的分类，并服务于海关实务操作的。并且，它们分类的对象目前基本都还是实物产品，并未包含服务类产品。截止 2018 年 8 月，BEC 最新版本是修订版本 4.0，修订版 5.0 已经完成，但还未正式出版。

BEC 包含 7 个大类和 19 个基本类型。7 个大类是：

1. 食品和饮料
2. 未另归类的工业用品
3. 燃料和润滑油
4. 资本货物（运输设备除外）及其零附件
5. 运输设备及其零附件
6. 未另归类的消费品
7. 未另归类的货物

三、中国《国民经济行业分类》

中国《国民经济行业分类》1984 年首次发布，其版本历史为：

· GB/T 4754－ 1984
· GB/T 4754－ 1994
· GB/T 4754－ 2002
· GB/T 4754－ 2011
· GB/T 4754－2017

各版本号后面数字对应发布的年限。

GB/T 4754 的代码结构如下的 5 位数字四个层级，门类（1 位）、大类（2 位）、中类（1 位）、小类（1 位）：

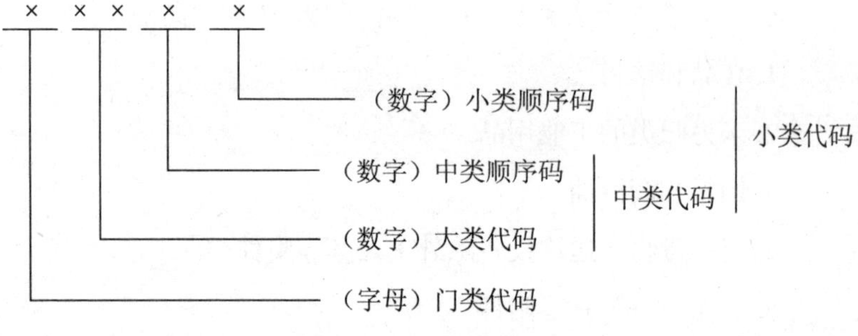

图 10–2　GB/T 4754 代码结构

表 10–4　中国《国民经济行业分类》目录结构表

GB/T 4754—2017				
大类		中类	小类	小类
A	农、林、牧、渔业	5	24	72
B	采矿业	7	19	39
C	制造业	31	179	609

续表

GB/T 4754—2017				
大类		中类	小类	小类
D	电力、热力、燃气及水生产和供应业	3	9	18
E	建筑业	4	18	44
F	批发和零售业	2	18	128
G	交通运输、仓储和邮政业	8	27	67
H	住宿和餐饮业	2	10	16
I	信息传输、软件和信息技术服务业	3	17	34
J	金融业	4	26	48
K	房地产业	1	5	5
L	租赁和商务服务业	2	12	58
M	科学研究和技术服务业	3	19	48
N	水利、环境和公共设施管理业	4	18	33
O	居民服务、修理和其他服务业	3	16	32
P	教育	1	6	17
Q	卫生和社会工作	2	6	30
R	文化、体育和娱乐业	5	27	48
S	公共管理、社会保障和社会组织	6	16	34
T	国际组织	1	1	1
（合计）	20	97	473	1381

四、中国 GB/T4754 与 ISIC 的差异分析

从两者门类与大类的比较可看出，双方大的原则，甚至主要分类细节上是一致的。但还是有一些差异。有些差异纯粹只是类别划分技术上的。例如，从门类和大类上首先出现的差异是 ISIC 的 E（供水：污水处理、废物管理和补救活动）与 GB/T 4754 的 D。这个差异出现的原因是，GB/T 4754 将 ISIC 中的 D 与 E 合并了，统一划分到了 GB/T 4754 的门类 D（电力、热力、燃气及水生产和供应业）里。

有些差异仅仅是名称上的区别，如 GB/T7454 里的 R 名称是“文化、体育和娱乐业”，对应于 ISIC 里的门类字母也是 R，但其名称是“艺术、娱乐和文娱活动”。

ISIC 里的 O“公共管理和国防：强制性社会保障”有属于国防活动的“军队、警察”等体现在门类里。GB/T 7454 里相对应的门类是 S“公共管理、社会保障和社会组织”，将其列在小类 9299 里，且用名称“其他未列明国家机构”表达。

另外，真正有实质性差异的是 ISIC 里有，但在 GB/T 7454 里找不到的内容。如 ISIC 里有 T“家庭作为雇主的活动；家庭自用、未加区分的物品生产和服务活动”。“家庭作为雇主的活动”包含家政等服务，这部分 GB/T7454 中是归入 O“居民服务业”中。但“家庭自用、未加区分的物品生产和服务活动”

（ISIC 中的类 98），事实上把自我满足活动考虑进去，而 GB/T 7454 找不到相应的内容。

从考察经济的全面性来说，自我满足也是一种原始的经济活动。但在对经济总量进行统计时，如果把自我满足与交易方式的满足都一起统计进经济总量，当然会对诸如 GDP 等的含义产生非常大的差异性影响。

第四节 用于商业店面排放的产品分类

一、商业店面产品分类的特点

相对于本章前面介绍的海关与国民经济统计目的分类，商业店面排放目的的产品分类在科学的严谨性上要求就不是那么高了。因为不同商家经营的产品可能有相当大的差异，因此，它不一定太要求分类的完备性，也可能不要求分类的高度准确。它的主要目的是为了便于客户寻找，更重要的是考虑到客户在商场的行走路线，将希望推销的产品尽可能放在客户容易看到的地方。例如，在收银台客户排队的地方放置像口香糖、电池等利润不错的小件商品，而并不特别考虑其分类的归属问题。

另外还有如何更好利用商场店面空间等实用目的。例如，有些商品需要以散装方式放置（蔬菜、大米等），有些是货架方式，另一些是需要以不同方式冷冻的商品（鲜肉、冷冻水饺等加工食品）。相同放置方式的货品就需要在空间上适当地分类在一起。

因此，在这些目的优先的情况下，分类的其他科学性方面的要求有时就会适当地让步。由于并不太严格要求分类的归属，因此这种分类也可较多使用面分类法。

在网络商城上的商品也会提供分类菜单。但因为其一般都提供基于关键词的网络模糊查询工具，因此对分类的严谨性的依赖也会相应减弱。

虽然有以上这些特点，出于内部管理优化以及便于客户理解和识别的需要，依然需要以具有普遍意义的科学性要求。在这种科学性要求很容易弱化的情况下，如果太随意，会使商品排放过于混乱，从而使客户体验变差。

二、分类依据

本章前述的分类依据都是有重要可参考性的。不过商业店面一般分类依据主要是体现在功能、客户购物动机、市场细分、耐用程度、产品排放方式等方面。

三、分类方法

既可以使用线分类法，也可以使用面分类法。

四、分类层级

一般可分为 4 到 6 级，大类、中类、小类、品类、品种、细目。

大类：根据商品生产和流通领域的大行业划分。如食品、日杂用品、女装、男装、儿童用品、床上用品、化妆品、图书等。它也往往用来区分大型商场的楼层。

中类、小类：按中、小行业或“专业”划分。如饮料、冷冻食品、洗护用品等。它们往往用来区分货架、条柜等。

品类：具有若干共同特征的多个商品品种。如干果、饼干、肥皂等。它们主要用来区分一条货架或排放区的不同位置。

品种：具体商品的名称。如某品牌薯片、某品牌腰果、某品牌酸奶等。

商品细目：对商品规格、包装、花色、质量等级的详尽划分，可以具体地反映商品的特征。如某品牌 500ml 瓶装矿泉水、某品牌375ml瓶装矿泉水、某品牌红色XXL号衬衣等。

过多层级对于客户来说并不会减轻购物选择难度，主要是便于内部管理。

五、编码

出于管理和收银的目的，商场一般都会给每个商品的细目进行编码。与前面所讨论的编码不同，这类编码一般并不对应产品分类，而只是为管理和收银目的提供一个唯一的产品号。现在由于 EAN13/8 码等国际统一的条形码的普及，商品的编码是厂家已经确定好的。但因为实际运作中厂家对二维码管理的不规范，有可能出现不同商品细目采用了相同的编码，从而出现重码问题。另外零售商品还有的使用 UPC 码等。目前商品编码技术体系很多，国际上使用的有二十多种，汇集如下。

1. 一维条形码

· EAN13

· EAN8

· UPC

· Code39

· Codabar

· Code25

· ITF25

· ITF–14

· Matrix25

· UPC–A
· UPC–E
· 中国邮政码（矩阵 25 码的一种变体）
· Code–B
· MSI
· Code11
· Code93
· ISBN
· ISSN
· Code128
· EAN128
· Code39EMS（EMS 专用的 39 码）

2. 二维条形码

· PDF417
· QR Code

其中有些用于商品，有些主要用于物流或大包装批量货物。这些编码都可以机读，因此速度较高、录入工作量较小。在没有条码情况下，只能靠人工编码，该编码可根据缩减后的分类层级进行。因为人工编制的编码不仅要人工打制并贴在商品上，而且收银等管理时需要人工录入。因此对编码位长要求在容量足够前提下尽可能短，一般采用 4 到 6 位阿拉伯数字。

联合国分类资源汇总（UNSD classifications）：

https：//unstats.un.org/unsd/classifications/unsdclassifications